教育新思维

帮助孩子达成目标的实战教学法

【美】卢安·约翰逊 LouAnne Johnson 著

THE QUEEN OF EDUCATION

RULES FOR MAKING SCHOOLS WORK

中国青年出版社
CHINA YOUTH PRESS

图书在版编目(CIP)数据

教育新思维：帮助孩子达成目标的实战教学法/(美)卢安·约翰逊著；矫永芹，刘白玉译.
—北京：中国青年出版社，2022.9
书名原文：The Queen of Education: Rules for Making Schools Work
ISBN 978-7-5153-6584-8
Ⅰ.①教… Ⅱ.①卢… ②矫… ③刘… Ⅲ.①教学法-研究 Ⅳ.①G424.1
中国版本图书馆CIP数据核字（2022）第102183号

教育新思维：帮助孩子达成目标的实战教学法

作　　者：(美)卢安·约翰逊
译　　者：矫永芹　刘白玉
责任编辑：肖妧嫔
文字编辑：周楠楠
美术编辑：杜雨萃
出　　版：中国青年出版社
发　　行：北京中青文文化传媒有限公司
电　　话：010-65511272 / 65516873
公司网址：www.cyb.com.cn
购书网址：zqwts.tmall.com
印　　刷：大厂回族自治县益利印刷有限公司
版　　次：2022年9月第1版
印　　次：2022年9月第1次印刷
开　　本：797 × 1092　　1 / 16
字　　数：146千字
印　　张：12
京权图字：01-2018-8310
书　　号：ISBN 978-7-5153-6584-8
定　　价：49.00元

目 录

CONTENTS

引 言　我们为什么需要教育新思维 —— 005

前 言　每位学生都值得接受最好的教育 —— 009

第1章　关于教育新思维的三项建议 —— 025

第2章　高效解决教育问题 —— 027

第3章　我的教师成长经验 —— 033

第4章　新教师如何快速掌握教学技巧 —— 053

第5章　学生犯错误时该怎么做 —— 069

第6章　帮助孩子达成目标的实战教学法 —— 087

第7章　不要随便给学生贴标签 —— 103

第8章　倾听孩子的情感问题 —— 121

第9章　如何帮助学生阅读 —— 141

第10章　如何更好地促进学生学习 —— 149

第11章　学生为何不会拼写 —— 155

第12章　未来的理想学校 —— 167

后 记　给教师们的一封公开信 —— 189

引 言

INTRODUCTION

我们为什么需要教育新思维

过去我常常觉得记者采访我的过程特别好笑，他们会核对一下采访时间，然后把麦克风举到我面前，对我说："我们还有30分钟的时间。您觉得我们还需要做些什么来改变学校目前的不良状况呢？"

刚开始的那几次采访，我会思考大约30秒的时间来决定近百件事情中，我们到底应该先做哪一件。后来，我找到了完美的答案：改变学校目前的不良状况需要付出坚持不懈的努力。

我们需要一个能够果断采取行动的人，一个能够打破繁文缛节、反对不断膨胀的官僚主义的人。我们需要一个拥有基本常识，永远把孩子的需求放在首位，不在乎自己政治地位的人。虽然我不是世界上最好的老师，但我坚信，自己算是一个好老师，非常关心如何改善国家公共教育的问题。

虽然我们的学校管理不当、漏洞百出，但我仍然相信我们可以弃过图新。当然，革新需要资金，但如果我们不改变我们的常规做法，即使投入世界上所有的资金都将无济于事。在我看来，要想管理好一所学校，关键不在于教孩子如何去做事情，而在于学校是否为自己的学生提供了最大的便利性。显而易见的是，如果我们按孩子的年龄差异划分不同年级，再把他们平均分配到各个班级，然后要求他们以完全一样的进度学习、进步，并在孩子们违反那些不够人性化的制度时惩罚他们，这样管理学校的话，教育成本确实更低、教育形式也更简单。

我们不强求学校要取得多大的成功。利用测试的形式对老师和学生进行考核，也许在某次特定的测试中，他们会得到较高的分数，但测试无法解决根本问题——因为，不是老师和学生出问题了，而是学校出问题了。

该怎么做，我们心知肚明。许多学校以及家庭学校教育项目等一再证明，如果我们关注的重点是服务于学生而不仅仅是监督管理他们，学生就会学业有成，即使那些屡屡不及格的学生也会取得优异的成绩。

如果我们可以坦诚地接受那些成功学校的办学理念，我们就能够改善学校的管理模式：相信所有的孩子都能学好；尊重个体差异，对学习风格迥异的孩子实施因材施教；孩子情绪不稳定或教室光线不足，又或孩子营养不良，都会导致那些所谓的“学习障碍”等问题。所有的孩子都有自己的尊严，理应得到大家的尊重。但事实上，我们并没有采纳成功学校在这些方面的好的做法，而是仅仅复制了他们的后勤工作和管理模式。我们引进了同样的设施，复制了他们的课程体系以及评估方法。把几所小型学校（在那里，老师会关注每个学生的需求）合并成庞大的、毫无人情味的综合类学校，孩子们则成了一个个没有名字的数字代码。这样，我们的问题再一次聚焦于行政管理问题而非教育模式问题。我们忽略了拼图中至关重要的部分，却对我们为什么拼不出正确的图像一直迷惑不解。

我曾遇到过一些好老师，他们为我的生活播下了希望的种子，不断鼓励我为成为一名职业作家而努力，这个梦想能够在我的职业生涯中蓬勃发展，离不开那些好老师对我的人生的塑造。在当了9年的记者之后，我决定去追寻一个截然不同的梦想：尽自己最大的努力去改善我们的学校，我希望将老师给我的爱和希望传递出去。幸运的是，学校安排我去教一批他们觉得“无可救药”的学生。这些所谓“无可救药”的学生欣然接受这些爱和希望的礼物，尽管他们的生活一贫如洗、不时遭受他人的虐待及暴力行为，使得他们成为统计数据中的不良青年，但他们最终用自己的成功报答了我。那些学生激励着我在《我的熊孩子们不想做家庭作业》这本书里讲述他们的故事，后来这本书被改编成电影《非常教师》（又名《危险游戏》）。

自《我的熊孩子们不想做家庭作业》1992年首次出版以来，我收到了来自世界各地的家长、老师和学生的信件和电子邮件，在信中他们分享了自己的故事、挫折、成功以及梦想（和往常一样，为了保护学生的尊严和隐私，文中所述并不是他们的真实姓名）。因此，这本书是写给那些仍然相信我们能够拯救学校的学生、家长和老师的。

前　言

PREFACE

每位学生都值得接受最好的教育

很久以前，有一个美丽的国家，这里的孩子都不识字。

“我们创办一些公立学校来教育所有的孩子吧。”人们说，“在这个自由、奇妙的王国里，每个孩子都值得接受最好的教育。”

就这样，大家创办了一些公立学校，并且反响很好。各个年龄段的孩子都坐在教室里一起学习阅读、写作和算术。他们也学会了观察并模仿自己的老师，包括老师的种种行为举止。

有些孩子掌握了基础知识后就离开了学校。另外一些孩子选择继续留在学校，因为他们爱上了读书，喜欢接受新的思想。无论是短期学习的还是长期学习的，这两类学生都为他们的国家做出了或多或少的贡献。从此，大家明白了一个道理，教育不分多少，都对社会和国家大有裨益。

与此同时，聪明的人们不断设计出使生活变得更容易、更方便的机器。他们制造出各种各样的机器，帮助人们摘棉花、砍伐木材、割草、浇筑混凝土、锻造金属以及制造塑料等。针对每一种体力劳动，他们都制造出相

应的一款机器来辅助大家。就这样，这个国家赚的钱越来越多了……

一天，一些特别的“聪明人”决定制定法律，要求所有的孩子都必须接受学校教育。

“更多的教育意味着赚更多的钱。”这些“聪明人”说，“如果我们让所有的孩子都接受教育，那么我们将成为世界上最富有的国家。这样做是最好不过了。”“聪明人”还告诉孩子的父母，孩子在公立学校里能学到他们所需要的任何知识和技能。父母对“聪明人”的话坚信不疑，这项法律得以实施，所有的孩子都去学校学习文化知识。

后来，一场可怕的战争爆发了，许多父亲离开了自己的家人，为他们的国家而战。战后，曾为国家立下汗马功劳的“布朗人”（the brown men，指非白种人，一种代表民族歧视的称呼）声称他们的孩子应该和白人家庭的孩子上同一所学校。一些白人赞同“布朗人”的意见，但另一些白人不赞同，并且非常生气。就这样，在这个国家的许多地区，又爆发了一场场小规模战争。后来，政府出台了一项政策，规定所有肤色的孩子都可以上同一所学校。不管白人喜欢与否，这都是件好事。

紧接着，白人又说了，“学校规模越大我们赚的钱越多。看看我们通过建造规模更大的工厂，在每个地方放置更多的机器，节省了多少钱就知道了”。于是，他们办了规模更大的学校，买了容量更大的校车，招聘了校车司机、保安、秘书以及维修人员。他们任命穿着三件套西装的重要人物来监督所有的校长，校长监督所有的校长助理，校长助理监督所有的老师，老师监督所有来上学的学生。

但那些“聪明人”并没有把赚来的钱平均分配给所有的学校，而是以财产税的方式来资助学校，这样富人的孩子就去了富裕的学校，而穷人的孩子则去了贫困的学校。一些人认为如此不平等的做法毫无公平可言。

“哦，这纯属无稽之谈。”“聪明人”说，“自己的孩子有学可上，穷人本应该对我们感激涕零。再说，如果你不告诉他们的话，他们可能都注意不到两种学校有何差异。”实际上，穷人注意到了这些差异，但他们没有权利去争取更多的钱，所以他们的学校一如既往地贫穷。这个国家越来越繁荣昌盛，人们不断地生儿育女，不论是富裕的还是贫穷的家庭，父

母都会送自己的孩子上学，接受教育。年复一年，“聪明人”创办的学校规模越来越大。不久，随着学校规模的不断扩大，那些穿着三件套西装的重要人物根本记不住所有孩子的名字，于是就给每个孩子分配了一个学号。他们根据年龄来区分这些学号，并根据教室的大小调整了学生的学号。

“我们不是一些冷冰冰的数字！”孩子们大声嚷嚷道，“我们是有着丰富情感的孩子！我们的学习风格和学习进度都不尽相同。老师除了教我们算术和作文，还需要给予我们温暖的爱心和同情心。”

“安静！”那些“聪明人”大声喊道，“你们必须乖乖地上学，你们人太多了，我们必须成立一个组织，开发一个系统，对你们进行集中化管理。”

就这样，大多数孩子都不再折腾，每天在教室里乖乖地学习。偶尔有个别学生犯错误，老师就会惩罚他们，让他们在教室的角落里罚站，或者送他们到“禁闭中心”进行反省，又或者惩罚得更为严重，以至于他们一个星期都别想坐在教室里上课。其他少数还想捣乱的学生目睹了这一切，也明白了学校对违规学生丝毫不会手下留情，慢慢地竟也学会了收敛自己的不良行为，即使有不满意的事情也会选择忍气吞声。但他们会在自己的书桌上刻下自己名字的首字母，弄坏卫生间的马桶，打碎窗户玻璃，或者在墙上乱涂乱画。他们会声称自己根本不在乎考试不及格。当然，他们在课堂上也不会认真听讲。

“如果你们再不好好学习，得不了高分，你们就上不了大学了。”那些“聪明人”警告他们。

“我们不在乎。”这些想捣乱的学生说，“我们才不想上大学呢！”

“可是我们在乎。”学校的管理人员大声说，“我们需要学生交学费，否则我们就关门大吉了。让学生来上学！”

所以，那些“聪明人”把更简单易懂的书发给这些学生，逼他们来学校上课，并告诉任课老师考试必须给他们及格。

“但他们如果不好好学的话，就考不上大学啊！”老师们抗议。

“假如你们是好老师，孩子们就愿意读书学习。”那些“聪明人”答道，“如果想保住自己的工作，你们最好学会团队合作，教好学生。”

所以，那些需要养家糊口、需要还贷款的老师，都学会了团队合作，

尽量不去理会那些让人憋气窝火的声音（那些做不到忍气吞声的老师只能另谋出路，卖保险、卖鞋子或者卖洗衣机等）。

极个别想捣乱的学生还是拒绝接受如此简单的学习和考试，他们继续嚣张闹事。有些学生偷偷溜出学校藏起来。甚至有些冥顽不化的学生，光天化日之下，大摇大摆地走出学校，挑衅那些“聪明人”，试图让他们找自己回来。

“教育是一种特权，你们应该珍视在这个自由奇妙的王国里接受教育的机会！”那些“聪明人”怒喝道。他们雇人跟踪逃学的学生。建立了禁闭中心以惩罚那些想继续反抗闹事的学生。还开发了一些特别的教育项目以挽救这些逃学的学生。他们把这些最差的学生关在禁闭中心里，并扔掉了房间的钥匙。

“这么做是为了他们好，希望他们可以慢慢想明白这个道理！”那些“聪明人”说。但实际上，这样做对学生毫无帮助，不见得是件好事。

一天，政府发布了一份报告。这份报告对全世界各个国家学生的文化程度进行了比较。看着政府公布的数据，那些“聪明人”感到无比的震惊、尴尬以及愤怒。

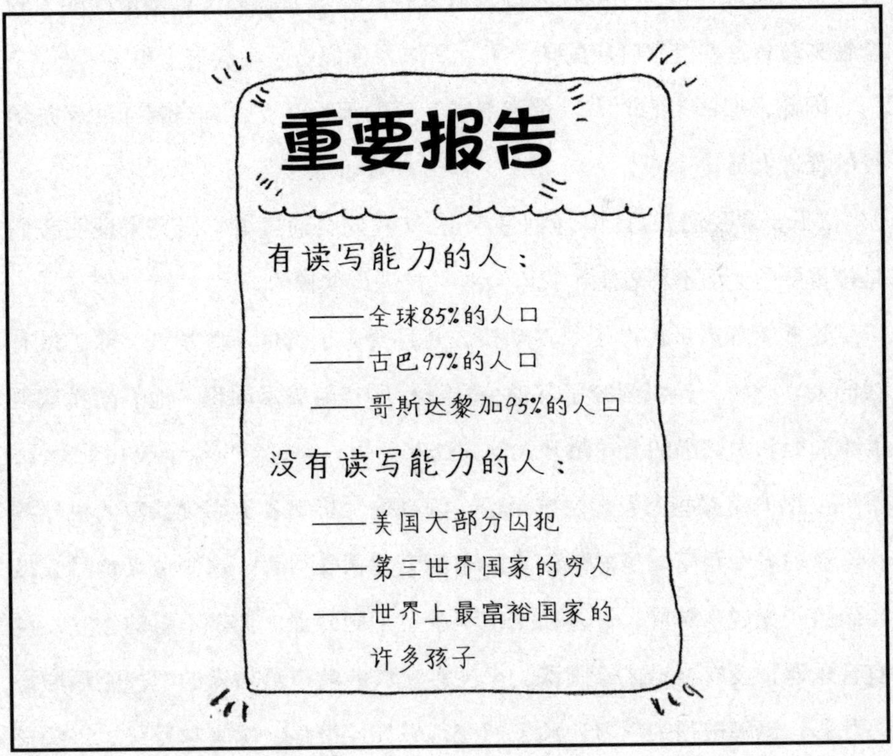

"我们是世界上最富有的国家！"他们大声喊道，声音之大以至于满脸通红，"我们拥有世界上最好的电视脱口秀节目！我们拥有世界上最富有的运动员！我们拥有世界上规模最大的学校！你怎么可以说我们的孩子没有读写能力？等着瞧！"

那些"聪明人"创办了规模更大的学校。他们雇了更多穿着三件套西装的人来管理学校。他们还雇了一些穿着三件套西装的女士。他们雇了太多的成年人来管理学校，以至于学校预算严重超支。

"我们需要帮助。"那些"聪明人"对政府官员说。

"但我们也没有钱创办公立学校。"那些手握实权的政府官员（他们把自己的孩子都送去了私立学校）说，"我们必须花费数十亿美元来求助外援、进口石油、进行空间探索以及研究核武器等。我们没有多余的能力和金钱来教育这些工薪阶层的孩子了。所以，你们必须学会自力更生。"

因此，那些"聪明人"企图削减学校的预算开支，首当其冲的就是学校的管理人员。

"不要拿我们开刀！"他们恳求道，"我们会通过科学研究来证明我们是最重要的。但不要着急，我们会对学校进行整顿的。"

这些管理人员停办了很多学校，并且合并了其他一些学校。除了最有钱的公立学校，他们削减了其他公立学校所有的美术课程。他们向卖饮料的小商贩和卖糖果的公司敞开大门，这些公司只需每年付给学校几千美元，就可以把他们那些令人无法抗拒的、闪亮的、售卖各类零食饮料的机器放在学校的各个角落，虽然他们卖的东西毫无营养可言。这些垃圾食品直接导致孩子们越来越胖，许多孩子甚至患上了肥胖症。拥挤不堪的教室，没有音乐课，没有素描或绘画课，也没有欢快的歌声给枯燥的学校生活增添些色彩，无聊透顶的学习让孩子们变得破坏性极强，越来越暴躁。有些孩

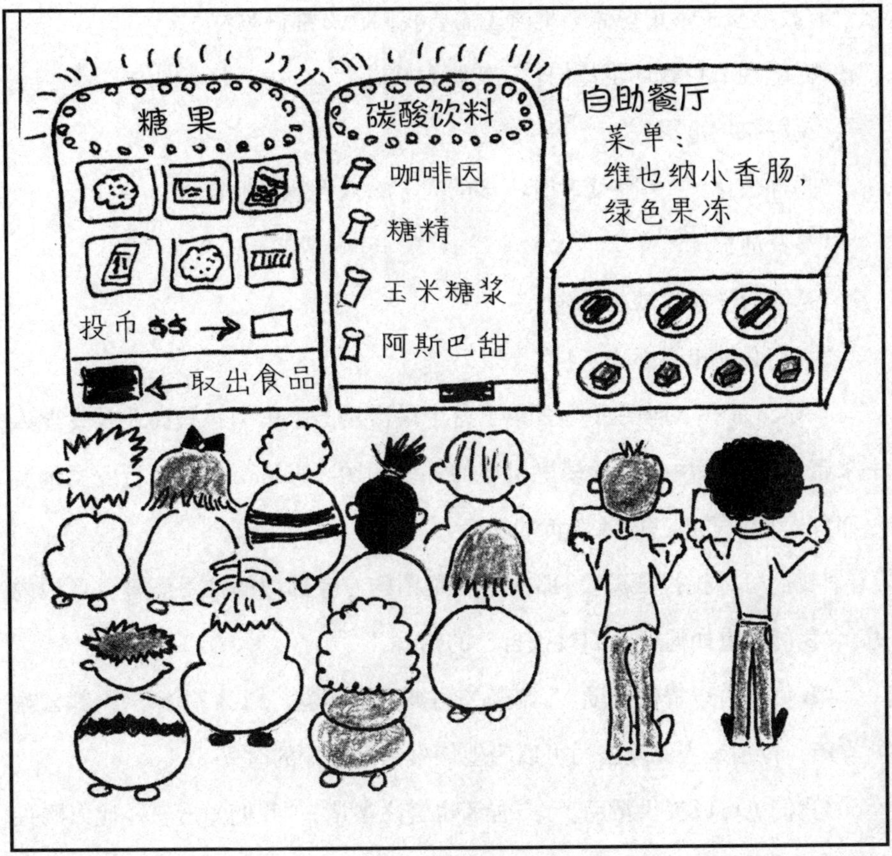

子变得冷酷无情，还欺负别的孩子，但学生实在太多了，学校的管理人员根本查不到实施霸凌行为的那些孩子是谁，也就根本抓不到他们。

于是，学生们继续满腹牢骚、闹事捣乱，企图逃离遏制他们自由天性的教育监狱。一些小混混，就像他们的成人同行一样，策划了校园暴力活动。他们把武器带进学校，把对学校的不满和愤怒发泄在墙壁上、黑板上、老师以及身边的小伙伴身上。

“这些孩子怎么了？”那些管理人员绝望地质问道，“他们的父母为什么没有教会孩子举止得体？难道还需要我们什么都做吗？”

“是电视节目教坏了他们！”其他人喊道。

“是好莱坞电影！”

“是性教育！”一些受教育不多的人七嘴八舌地讨论着。

“是歹徒！”

“是因为学校里缺乏祷告！”

“我们必须想想办法了！”

于是，那些“聪明人”召集了这个最富裕国家里的一些商业及专业人士来帮助他们解决公立学校里出现的种种问题。哎！可是每个行业里都有一部分人忽略了自己应该肩负的使命。

“我们可以提供帮助。”那些唯利是图的专业部门的推手信誓旦旦地说道，“我们知道如何让人们改正自己的错误。”

“我们也可以提供帮助。”制药公司极力许诺道，“我们国家的人都喜欢处方药，特别是当保险公司可以为他们报销医药费的时候。”

“我们也可以提供帮助。”广告商也言之凿凿，“我们知道怎样让人购买任何我们想要推销的东西。”

于是，这群利欲熏心、见利忘义的人齐心协力，终于得出了一个看似明智的结论：是孩子的大脑出问题了！难怪他们不喜欢学校的教育模式！

紧接着，这群精明的智囊团处心积虑，设计出收费昂贵的特别教育节目，策划了精彩的广告，并生产出所谓的可以对症下药的处方药。他们还设计了一系列的心理测试题目，并对讨厌上学的孩子进行了心理诊断测试。然后让那些孩子服用所谓的处方药，使他们能够安安静静地乖乖坐在教室里，听老师讲课，不吵不闹，也不逃学。

这群精明的人安抚孩子们的父母不必过于担心——他们是好父母，不

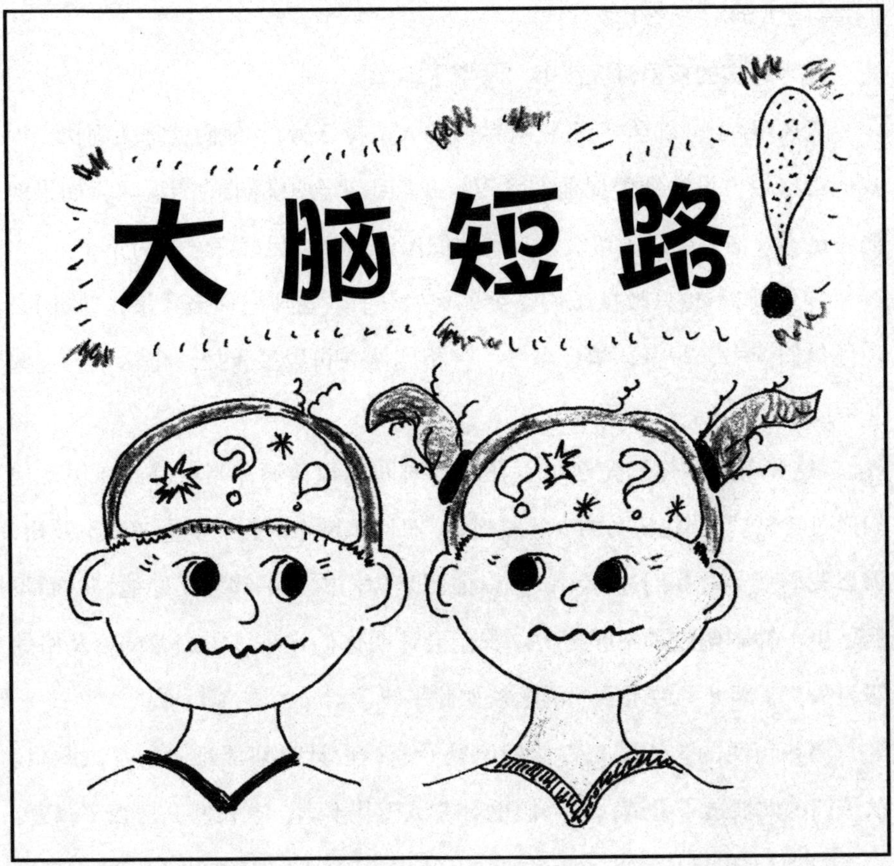

需要为孩子们的不良行为负责任，是孩子们的大脑出了问题。

父母们如释重负，非常感谢这些“聪明人”找到了如此绝妙的解决方法。事实也的确如此，许多孩子不再大声喧哗吵闹，安安静静地坐在自己的座位上，眼睛紧紧盯着自己的课本。

但也有许多孩子根本不相信是他们的大脑出了问题。

“我们不是些冷冰冰的数字！我们是有血有肉、有情感的人！”他们绝望地哭喊着，“如果你们大人真的在乎我们的话，我们就会证明给你们看我们是多么聪明，多么优秀。”

越来越多的孩子讨厌读书、写字了。

“这些孩子可以学好。”这些精明的人坚持认为，“他们就是太固执，但我们可以想方设法地督促他们学习。我们每年会出超难的测试题，如果他们考试不及格，就必须留级，直到他们保证从此以后好好学习为止。”

“但我们不想只教孩子们学会如何考试！”老师们提出异议，“我们必须教他们读书、写字，学会思考、分析问题并可以妥善处理生活中的一些实际问题。”

“这些东西，你们完全可以在课余时间里教他们，当然首先要保证他们通过考试。”那些精明的人答复道，“而且如果你们教的学生考试不及格，那么我们就会对你们进行测试，以证明是你们能力不够教不好他们，而不是学生不够聪明或者不够努力。我们会证明你们才是孩子们考试不及格的罪魁祸首，因此导致了我们的学校如此平庸。”

那些精明的人招聘来专业的出题专家，设计出晦涩难懂的考试题目。孩子们因此恨透了考试，老师们也对考试极其不满，家长们更是怨声载道。

“我们不想只是背诵一些事实性的知识。”孩子们牢骚满腹，“我们想充分拓展自己的思维。我们想学会思考，学会读书写字，学会发现问题，以及创造一些新玩意。我们不想仅仅学会如何应付考试。”

然而，有一些成年人却愿意倾听孩子们的心声。这些富有同情心的成年人为那些讨厌上学的孩子量身定制了个性化的课程培训。他们把学校预算花在孩子们身上，而不是花在那些成年人身上。他们能够叫出孩子的名字，密切关注孩子的各种情感问题。他们欢迎所有的孩子就读他们的学校，无论是有天赋的还是有问题的、富有的还是贫穷的、喜欢巧克力的还是喜欢香草的、喜欢桃子的还是喜欢焦糖的孩子，都可以来他们学校。所有年

龄段的孩子，无论其爱好是什么，都可以并排坐在这些个性化的培训班里。孩子们欢呼雀跃，兴奋至极，他们乖乖地待在自己的座位上，师生配合相当默契。孩子们学会了老师教给他们的知识，并且通过了课程考试。

“这样做效果显著！”那些富有同情心的成年人称赞道，“我们必须开设更多的、特别的个性化课程培训班。我们需要在所有的小规模学校和私立学校开设类似的课程培训班。”

于是，这些富有同情心的成年人招聘了一批员工，创办了十几所小型私立学校，慢慢地扩展到上百所小规模的个性化课程培训学校，在这里，所有年龄段的孩子都可以聚集在一起学习，享受着同成年人一样的待遇。就这样，这些小规模培训学校不断发展壮大，生源越来越多。那些精明的人开始嫉妒他们为什么可以如此成功。

“这样不行！”那些精明的人背地里议论纷纷，“我们得想想办法了！”

“我们可以尽量让自己看起来像那些小规模的私立学校。”一个精明的人提出建议。

“多么奇妙的主意啊！”其他精明的人附和道，“我们会给予学生最基本的尊重和自尊。我们还会在一些大规模的学校里开设许多小规模的个性化课程培训班。”

于是，那些精明的人举办了很多次会议，参会的人都是那些西装革履的人。他们在会中激烈地互相讨论着、辩论着，不时地设计出某个方案，又不时地给予否定。他们不断地重新组织、重新安排、重新研究并修订着某个方案。他们相互协调、授权委托并详细检查各个方面，不断地推出更好的方案。

终于，在这个世界上最富裕的国家里，孩子们开始认真学习读书、写字了。

战争
与平
时装设计
快乐运动
猫捉老鼠
…耳目一新的开始

第1章

Chapter 1

关于教育新思维的三项建议

在当今美国，学校风气每况愈下，我们必须马上开始整顿。毫无疑问，必须有人对此负责，并做出可以立刻付诸实践的决策。

为什么我可以胜任这个至高无上的职务呢？不是因为我做过多么卓有成效的科学研究，也不是因为我写了多少具有统计学意义的博士学位论文（尽管我确实有一些反响不错的大学时期论文作品，并且我教过几年问题青少年，积攒了一些宝贵的教学经验），而是因为，我对所有的孩子都会给予热情洋溢的厚望，并努力为他们的成长提供良好的教育。

1. 缩小班级规模

所有班级的学生数量都不应超过20个。

教人们读书是一项意义非凡但任务艰巨的工作，同时也是问题的根源所在。在美国，教学是一份工作，而它本应是一份职业。许多美国人把教学看作一项光荣的保姆工作。但我不同意这种观点。如何让学生对某一领域的知识求知若渴？如何在一个天寒地冻或者酷热难耐的教室实施你的教学计划？而且你的学生可能比教室里的座位或者教科书还要多。

关于课时长短和学费的问题，也请大家不要再牢骚满腹了。对比一下缩小班级规模的数字与拘留所和监狱中青少年的数字，再比较一下美国坐监狱的孩子中文盲的人数。与在监狱教孩子读书相比，在学校里教我们的孩子读书方便多了，也更加人性化。

2. 先用常识解决教育问题

学校解决问题、迎接挑战应遵守常识优先的规定。

在任何资金用于研究或统计研究之前，应先采用常识来解决学校遇到的各种问题。例如，是否需要减少班级人数的问题。任何一个有点常识的人都知道，人数较少的班级里学生的注意力更为集中（众所周知，任何一所私立名校的班级人数相对来说都不是很多），这样会形成学生学习效率提高、考试成绩不断提高、不良行为问题日益减少的良性循环。

基于此，我们得出第三条建议。

3. 合理利用学术研究资金

在任何可以用常识解决问题的情况下，学区用于学术研究和统计研究的资金都应该直接用于增加图书馆藏书、确保教室的白炽灯照明效果以及开发新的美术课程项目上。

第2章

Chapter 2

高效解决教育问题

为什么会有这么多学校无视孩子们的健康，允许竞价最高的企业在自己的校园里安装自动售货机，向毫无抵抗能力的孩子们售卖零食饮料等垃圾食品？为什么即便已有数百万儿童患上了糖尿病和肥胖症，学校也要和企业签订价值数百万美元的合同，允许他们在校园里放置汽水和糖果机？这种做法和在一个成年酗酒者的工作场所里放置啤酒机难道不是一样的道理吗？

为什么我们坚持认为所有的儿童都应该在同一年龄段开始学习阅读，不管他们是否准备好了？很明显，这种盲目的做法导致一大批人一生都不肯认真读书。那么，为什么不能在孩子们准备好了的时候再教他们读书呢？

为什么很多人认为坐在一群孩子中间大声给他们读故事就等于教学？

为什么学校如此关注学生的出勤率，但这些学校往往没有热水、肥皂，甚至没有供学生擦手的纸巾，而这些设施恰恰是防止学生感冒和流感传播，并因此避免孩子离校的主要手段？

为什么我们坚持在孩子们还在学习如何阅读的期间就开始对他们的阅读能力进行评估打分呢？这样做的结果是，对孩子们来说，阅读不再是一种乐趣，而是变成了他们相互之间的竞争。尽管为了确保孩子们不断进步，对他们进行测试确有必要，但为什么给那些正在努力学习他们生活中最重要的技能之一的小孩子们打分也变得如此重要呢？

如果需要对孩子的驾驶能力和刹车能力进行评分，需要孩子在学习期间经常与同龄人进行比赛，那么，还会有多少孩子渴望学自行车呢？

为什么一个陌生人可以自由出入许多学校却无人进行询问阻拦呢？而同一个人甚至连一家大型律师事务所、经纪公司或银行的电梯都进不去，因为保安会对其进行盘问、拘留、移交、禁止他入内，至少被安全摄像头拍到。

为什么大多数关于如何管理学校的决定都是基于管理的便利性、时间安排、测试或其他一些因素呢？而这些决定因素并不是为了利于孩子的成长，而是为了让成年人的生活变得更加轻松。

为什么我们雇了很多从未当过教师的人来监督和指导整个学区的教育？

为什么高中的课间休息时间如此短暂，却要惩罚那些因为中途上了趟卫生间，从柜子里取出被遗忘的东西，或是向亲爱的朋友打声招呼而迟到了10秒钟的学生？

与其设置短暂的课间休息时间来避免学生之间互相伤害，为什么不做点什么来制止学校里随处可见的骚扰和欺凌行为？

为什么我们坚持所有的课程都安排一样的课时，即使某些课程显然需要学生投入更多的时间来学习？

为什么所有学校里老师的每门课上的学生都是一样多的人数？像阅读这样既重要又难度高的课程，难道不应该开设小班进行授课吗？小班授课的老师可以关注到每个学生的需求，这样我们就能确保任何一个孩子都不会掉队。

为什么我们允许学校董事会（通常是由那些没有接受过任何教育培训或儿童心理学培训的人组成）为学校制定相关的管理制度和教学程序？我们是否会将其他任何类似的公共服务行业交给对其一窍不通、完全业余的人去管理呢？

为什么校长不再教书了？

考虑到儿童在智力、情感和身体发育方面的巨大差异，为什么我们还要坚持按年龄划分年级，这样做又会导致多少问题呢？

等孩子们的大脑已经准备好接受抽象概念时，再教他们预代数不是更有意义吗？而不是在他们还没准备好之前，就强迫他们参加考试，并将其作为孩子们毕业的必要条件，然后任由他们考试不及格。

如果孩子们表现良好，成绩优秀，那么戴不戴脐环或鼻环又有什么分别呢？

为什么那么多成年人认为，在课堂上，孩子想上洗手间时，应该让他们坚持到下课从而教导他们学会自我控制？试问，有多少成年人会继续从事那些上个洗手间还要克扣工资或福利的工作呢？

为什么人们在对孩子们不是那么尊重的情况下，却期望孩子们尊重他们呢？

为什么人们认为一个学区可以取消学校里精美的艺术课程，可以在图书馆里只放置一两台电脑，可以发给学生一些过时刻板的教科书，可以把35个甚至40个学生塞进同一间教室，却从所谓的其他项目的预算中拨款，来重新铺设足球场，或是重新更换地区总监办公室的地毯呢？

为什么当老师教不好学生的时候，大家会责备孩子呢？

为什么学校里的建筑都如此难看？难道法律规定学校必须使用灰色油毡和监狱式建筑风格吗？

为什么许多新学校教室里明明有窗户却从不打开换气，以至于孩子们不得不整天呼吸着“二手”空气？

为什么学区会把25个、30个甚至更多的孩子安排在同一间教室，即使每个孩子都有自己独特的学习风格和心理成长速度，而且还指望仅仅依靠一个老师就能同时教这么多孩子学会读书？

如果我们真的想提高孩子们的出勤率，为什么不把学校装扮成孩子们愿意待的地方呢？

为什么我们阻止不了学校的教师和管理人员打骂、羞辱学生，进而便可以阻止那些模仿教职员工类似行为的学生，让他们从此不再羞辱他们的同学？

为什么许多人相信仅凭提问就能准确地评估一个孩子的知识或技能，而且这些问题形式简单到可以写在答题卡上，然后通过机器进行评分？

为什么我们任由那些热衷于为了一点鸡毛蒜皮的小事就打官司的人破坏这么多孩子的美好生活，以至于孩子们现在无法进行实地考察旅行，也不能在周六下午下雨时改成到学校的体育馆里玩耍，只是因为学区领导害怕无聊的诉讼会导致自己被拘留？家长许可通知书难道不应该是这样的吗——允许孩子从事某项活动的前提条件是：孩子难免偶尔会受伤，学校对孩子受伤不需负法律责任，除非是因为工作人员严重失职所致。

为什么我们不能把注意力放在保证学校安全，教孩子们学会如何做人上面，却放在禁止各种学习培训机构聚集扎堆上面，企图以此避免学生之间发生冲突？

为什么我们不能教孩子们学会在公共场合维护自己的自尊并约束自己的行为，反而取消礼堂活动，以至于学生团体集会、颁奖仪式以及各种娱乐活动都变成了遥不可及的事情？

当我们清楚地意识到，学校规模越大导致的安全隐患越多，而学生在较小的社区学校中才能得到更多关注，使他们感觉更像在家里，因而更加茁壮成长时，我们为什么还要继续建设更大的校园呢？

为什么政府要付钱给学校，让他们给孩子贴上特殊的标签，比如注意缺陷与多动障碍、发育迟缓、情绪紊乱等？难道他们不知道这样做会增加儿童被误诊和被误解的可能性吗？

为什么不能简单地称应付不了的学生是脾气太犟，容易生气的学生是脾气易怒，反而多次暗示他们是因为患有精神疾病或情感障碍，所以才敢公开违抗老师的权威？

为什么许多学校因为学生说脏话就让他们停课反省或者开除他们，而那些学生在电影里、电视里经常听到，甚至偶尔在自己家里也能听到类似的脏话？

为什么社会付给那些仅仅谈论、写作或传授教学方法的教师的报酬比直接教孩子读书的一线教师的薪酬多得多？一位经验丰富、成绩斐然的教师的薪水竟然比任何一家公司的初级执行秘书的薪水都低，为什么我们还觉得这样的情况可以接受？

第3章

Chapter 3

我的教师成长经验

我从未想过自己有一天会成为一名高中教师。自从霍达尔老师在五年级班报上发表了我的第一首诗《作家的束缚》(*The Writer's Cramp*)后，我的梦想一直就是当一名小说家或者大学教授。但生活总会给人们带来一些意想不到的惊喜，它悄无声息地出现在我的身旁，指引着我不断地探索新的知识领域，朝着不同的方向努力前进。

直到高中毕业，我成绩优异，却不善于和人交往。除了跟我的祖母和教会的两个好朋友一起玩以外，我从来没有夜不归宿过。我只去过两次电影院，去过一次饭店，约会过一个黑人。我坚信女孩子应该把自己最美好的瞬间留给自己的婚姻对象。我坚信如果每天努力工作，公平行事，自己会过上好日子。

我们家有五个孩子，我是唯一一个想上大学，并想方设法挣学费的孩子。我被宾夕法尼亚州印第安纳大学录取，并且成功申请到一笔助学贷款。

大学校园比我的家乡——宾夕法尼亚州的扬斯维尔小镇还要大。在大学里，光是上生物课的学生就比我家乡整个高中的学生还要多。所以刚开始时，我真的有些茫然失措，但我决定继续留在这里，直到拿到博士学位。

* * *

大学生涯的第45天，一大群男生闯进女生宿舍，大喊道："兄弟会派对！兄弟会派对！我们邀请你们一起去参加派对！"我以前参加过一两次派对，知道大家在派对上都会做些什么——吃点儿薯片、喝点儿汽水。但在我童年时期，家里的大人提倡健康饮食，不允许小孩子碰这些东西。我跟着一群女孩走出宿舍，向派对所在地出发走着。一到兄弟会派对，一个男孩就递给我一杯可乐。当时的我不知道可乐里还能掺酒，所以在喝了一小口，觉得味道不太对以后，我就把可乐还给了他。

"这杯可乐有问题。"我说道，"我觉得一定是过期了。"

"不，亲爱的，可乐没过期。"他回答道，"放心喝吧。"

听他这么一说，我就放心大胆地把那杯可乐喝了，可乐果然没过期。过了一会儿，有人喊道："想看电影吗？"

我顿时感到兴奋无比。早在我很小的时候，扬斯维尔的电影院就倒闭了，几年后附近的汽车电影院也倒闭了。当我十几岁的时候，我父亲对电视一直持有怀疑的态度，家里仍然只有一台黑白电视机，所以我只看过几部经典电影，像《睡美人》和《生活多美好》之类的。大学真是一个奇妙的地方，我一边想，一边跟着一群人上楼进了一个房间。房间里，一条白色床单挂在墙上，一个电影放映机在角落里嗡嗡作响。这部电影是黑白的而且模糊不清，所以我就在床单的正前方坐了下来。过了几分钟，等慢慢适应了室内的光线，我才意识到画面上是一个裸体女人在耍蛇。我不知道她打算干什么，但我知道，如果我的祖母劳芬伯格知道我在那样的一个房间里，她一定会心脏病发作的。

我马上站起来跑出了房间。一个高个子年轻人跟在我身后。我不认识他，也从未跟他说过话。所以唯一的解释就是，他早已注意到我坐在最前面看电影，或许还在想“太酷了！这绝对是个小辣妹，因为她对色情片很感兴趣”。

这个高个子年轻人和我同时跑进了一间卧室，他一下子把我扔到了床上，猛地向我扑过来。也许他自认为很浪漫，但我并不这么觉得。我从小在农村和两个哥哥一起长大，他们教过我怎样“摔跤”，因此，我狠狠地把那个高高的年轻的家伙踢伤了。当然，他伤得并不是很严重，我确信他以后仍然可以有孩子。但那天以后他就知道了，学校有个叫约翰逊的女孩，如果她自己不愿意，你就绝对不可以吻她。我也明白了在我取得博士学位之前，我还有很多东西要学。我跑回宿舍，收拾好背包，坐上了一辆开往扬斯维尔的公交车。然后，给我妈妈打了个电话。

“宝贝，你在哪里？”妈妈奇怪地问道，“这个时候你不是应该待在学校吗？”

“妈妈，”我回答道，“我不知道我在大学里该怎么做。”

妈妈开着家里那辆老旧的绿色奥兹莫比尔车来接我。我从未告诉她或者其他人那天晚上兄弟会派对上发生的事情，也从没有人问过我为什么回扬斯维尔了。他们都以为我已经吸取了足够多的教训，因为我曾经游遍了整个国家，把身上所有的钱都浪费在无人知晓的事情上。我不知道派对这件事是否给我敲响了警钟：如果我再参加这种无聊的社交活动或者酗酒，会导致我的人生就此毁灭。

* * *

在老家住了几周，有了更多生活经验后，我决定，首先成为一位女演员，然后再成为一名教授、一位小说家。我本打算去沃伦县爱丁博罗大学的校外学区就读，因为在那里我可以参加即将开拍的《你是个好人，查理·布朗》的试镜。晚饭时，我宣布了自己的决定，父亲听完惊讶至极，停止咀嚼嘴里的肉卷，用拳头使劲敲打桌子。

“我绝对不允许自己的女儿去当演员。”他以父亲特有的方式大发雷霆，“演员都是妓女和瘾君子！”

又一拳重重地击在了桌子上，宣告讨论到此结束。

“哦，爸爸，”我喊道，“不让我当演员的话，那我就必须找一份工作！”

父亲用叉子指了指我，示意我等他把嘴里的肉卷咽下去再说。

“你不需要去赚钱。”他说，“你需要做的是稳定下来，找一个好男人。然后像一个正常的女孩一样结婚生子。”

“这就是我想找份工作的原因。”我说道，“我想为自己将来的婚礼攒点钱。”

“嗯。”父亲点点头，很满意自己已经说服女儿不去当演员了。

所以，我得到了一份在沃伦市一家比萨店做服务员的工作，租了一间下等的单间公寓，同时进入了沃伦县爱丁博罗大学的校外学区就读，在这里我偷偷地去试镜了电影《你是个好人，查理·布朗》中的一个角色。导演安排我扮演露西，然后我打电话提醒妈妈，她答应我电影公演那天把家里的报纸藏起来。

父亲在贝茨机器厂工作，是厂里的一个焊工领班。厂里其他的焊工中一定有人读到了这份报纸，因为最后一场电影落幕的几天后，父亲开着他那辆小货车出现在我的公寓门前。他把我所有的东西都一股脑地塞进了车后备箱，把我塞进副驾驶，沿着杰克逊路开下去，上了土路从钱德勒山谷一直开到布朗山山顶。母亲正站在厨房门口看着我们，双手不知所措地来回搓着身上的围裙。

"你给我在这个房间里好好地待着，直到你21岁或者你恢复理智那天为止！"父亲大声嚷嚷着，然后踩着重重的脚步声走进了自己的卧室。

* * *

几个星期后，当我一边坐在房间里的火炉旁，烤着自己冰冷的双脚，一边凝视着窗外肆虐的暴风雪，为我下一次的逃跑冥思苦想时，母亲从厨房进来了，并递给我一本小册子。

"你看看这个，亲爱的。"她说道，"他们为女孩提供各种各样的工作，甚至包括开飞机什么的。"

我哈哈大笑。

"我没跟你开玩笑。"母亲说道，"我知道你想成为一名作家和大学教授，这上面说你可以成为一名记者。他们会为你负担上大学所需要的所有学费，并且你还有机会去各地旅游。"读完小册子，母亲抬起头看着我，笑了。我可以看到她的嘴上涂着鲜红的唇膏，黑色塑料猫眼眼镜左右两边的框架顶端都装饰了一个看起来非常有品位的小水钻。

"亲爱的，上面说这不仅仅是一份工作，还将是一次冒险经历。"

于是，在一个星期六的下午，父亲忙着在谷仓里干活时，母亲驾车把我送到了汽车站，我离开家乡加入了海军——这是我最后一次听取母亲的建议。在部队里，我努力学着成为一名记者，除了擦鞋、擦拭甲板和一系列令人印象深刻的脏活，我还学到了很多别的东西。作为一名广播专家，我在菲律宾的克拉克空军基地驻扎了三年，在那里我和一个菲律宾家庭一起住在老城区的巴里奥。我学会了菲律宾语，还学会了烹饪煎饼和菲式春卷。在这期间，我体会到了那种听不懂别人在说什么的无助的感觉，以及学会一门新语言是多么不容易。同时，我还体会到了我是整个市区唯一一个肤色不同于大家的人的那种感受。即使菲律宾人对我很和善，但我还是感觉很不舒服，就好像自己做错了什么事情一样。

经过了两次尝试，我终于学会了应该如何度过大学的生活。在我获得心理学学士学位之后，部队长官强烈建议我去考一个军官的职位。之所以接受他的建议，是因为我觉得如果我能够考上军官，而且又接受过良好的教育，我就可以提一些可能会挑战到上级的绝对权威的问题，虽然有时候这些问题会阻碍我执行命令。

我在菲律宾一直待到11月中旬，然后就去位于罗得岛纽波特的海军候补军官学校（OCS）报到了。在菲律宾的时候，如果气温低于75华氏度，人就会感觉特别冷，必须穿上保暖的夹克。所以，很快我就得了一种久治不愈的体温过低症。于是，我的一个健身搭档，一位海军陆战队少校，建议我可以转到海军候补军官学校。几个星期以后，我就到了弗吉尼亚州的匡提科，身上穿着羽绒服，手上戴着厚厚的手套，脚上套着两双羊毛袜子，头上还戴着一顶特别暖和的帽子。**我记得我当时还在想，这里的家伙或许会剃光头，或许会每天练习举重，直到长出让女人为之疯狂的胸肌为止，但他们知道冬天该穿什么衣服。**于是，我开始了每天的刻苦训练：行进、唱歌、行进、慢跑、行进、拆除榴弹炮、行进、耐力训练、行进、吃野外动物、行进、直立或跪着或躺着向目标射击。等到天气逐渐回暖时，我已经是一名少尉了。

* * *

28岁时，我重新审视自己的生活，意识到自己从来都不是一个自由的女性。我从父亲的掌控下转到了海军候补军官学校的管辖下，然后又去了海军陆战队，这三个组织竟然意想不到得如出一辙。我从来没有机会对自己的生活做出一丁点儿的决定，例如，每天穿什么衣服。父亲和部队都对女性的行为举止制定了严格的规则和条例，我必须无条件地服从。例如，条例规定，女性的裙子长度至少要超过膝盖，以免外人瞥见她赤裸的膝盖，误以为她是个无耻的荡妇。认真审视人生过后，我决定让自己的生活回到正常轨道，尝试一下普通女孩的生活，考取博士学位。我买了一件粉红色的毛衣，几条短裙，一些戴上后晃来晃去的耳环，以及一辆颜色绝对轻浮的黄色菲亚特敞篷车。最后，我对自己的技能作了下评估，评估结果堪称完美——我接受过写作、武器和徒手格斗的训练，我很棒，我要去高中当老师！

我一直关注关于高中毕业的青少年的报道，即使他们没有完全掌握阅读技能，也能高中毕业。在我还是个研究生的时候，就下决心将来一定要去一所高中教学。我会努力引导学生们好好学习，教会他们如何阅读，我甚至想象过他们成为大学教授的样子。

在我攻读硕士学位而且还没有任何机会从事教学相关的工作的时候，我得到了一份教师实习生的工作。会有人付给我工资，还没人会直接监督我。当然，在部队服役了九年，我的自律性已经很强了。作为一名研究生，我需要这笔钱。他们解释说，我的工作是给普通的正常高二学生上英语课。

对我来说，这真是小菜一碟，完全是大材小用啊！我嗤之以鼻，迫不及待地想和我的学生们分享我对文学的热爱。

不幸的是，我的学生对文学一点儿也不感兴趣，他们看起来对我也毫无兴致。尽管我几次三番地大声宣布：请大家坐下，打开课本。大部分学生都坐下了，但仍有极个别的学生面朝前站着，此外，几乎所有的学生都在大声喧哗。

我想，如果把自己的名字写在黑板上并做自我介绍，他们也许会安静下来，于是我转过身去拿起一支粉笔开始在黑板上写自己的名字。然而，就这么一小会儿的时间，一本厚厚的红色词典从教室后面扔了过来，词典击中了黑板又被弹了起来，紧贴着我的脑袋擦肩而过，仅仅差了两英寸。我转过身来，看见一群男孩站在教室后面，双臂交叉在胸前，目不转睛地盯着我。

我想，或许是我错了。如果我在本科时选择的是教育专业，接受的是正常的教学培训课程，或许我会选择愤怒地把书摔到地上，继而逃之夭夭的做法。虽然我的级别比孩子们高，但他们既然不认可我的权威，那么对他们发号施令是无济于事的。所以，我做了一件在那种情况下似乎是最合乎逻辑的事情：我走出了教室。

我听到学生们在大声欢呼，似乎在庆祝他们的胜利。我沿着走廊，来到了哈尔·布莱克的房间。哈尔·布莱克是一位老兵，也是我在这个学校的指导老师。他从教30多年了，应该知道怎样处理这种情况。哈尔的肤色和白人差不多一样，他穿着一件T恤衫过来开门，T恤衫上面写着“它是黑色的”。

“我教的这个班级真的是你们所说的正常的班级吗？”我问道。

“不完全是。”哈尔回答道。他解释说，我那个班在某些方面的确很特别，他们把之前那位正式老师气得哭着跑出教室好多次。后来她在星期五打电话到办公室，宣布她将在下星期一辞职。那些教过他们的代课老师不止一次表示不愿再回来教他们。这些学生给人的印象是冷酷无情，这也是他们自己最喜欢的形容词之一。

“对付这些学生，最好的办法是快刀斩乱麻。”哈尔说道，并当着我的面轻轻把门关上了。我真想飞快地跑到我的车那儿，赶紧离开这个是非之地，去找一份真正的工作，但我学的专业恰好是心理学，自然而然会非常固执。我在想，并不是教室里所有34个学生都朝我扔书，我为什么要抛弃他们？那个朝我扔书的男孩一定有自己的理由。大多数青少年并不是精神病患者，尽管许多人表现得好像他们就是精神病一样。所以，如果那个男孩不是精神上有问题，那么既然知道后果会很严重，为什么他还要朝我扔书？如果真的打算朝老师扔书，那还费什么劲儿来学校上学？显而易见，他的行为就是想挑战新教师的权威。但是我感觉他这样做并不仅仅是挑战新教师——他不想上我的课，即使这意味着被关禁闭、停课或开除。但他为什么不想上课？或许他只是想去趟洗手间，但觉得问一个女老师很尴尬；又或许他想见自己的女朋友，想抽支雪茄，过过烟瘾，想去买点娱乐性质的药物；还或许是他不想读书，宁愿接受惩罚也不愿被别人羞辱。如果他故意违反纪律导致受惩罚，那么他就可以装出一副毫不在乎的表情。

好斗的男孩对我来说并不新鲜。早在1972年，在我应征加入海军时，遇到过很多水手，他们不喜欢在这个男人的阵营里看到女人的存在。入伍后的头六个月里，我每天都被他们气哭。他们不停地折磨我，直到后来，我才恍然大悟：他们就像我的哥哥一样，如果我哭的话，他们就会一直折磨我。所以，我学会了表现得自己好像丝毫不在乎他们的捉弄一样，并且我装得很像那么回事。我又回到教室，看着那个差点儿把词典扔我头上的男孩，我能看出他是个非常棒的小演员，也很清楚他正在想什么。我知道他在生气，但也很害怕；我也知道他还是在乎这个学校的，因为他还坐在教室里。如果他真的对学校毫不在乎，那他就不会费尽心思地来学校惹麻烦了。

当我推开门走进教室时，学生们都惊讶万分，教室瞬间鸦雀无声。我穿着牛仔靴，径直向朝我扔词典的男孩走去，牛仔靴嗒嗒的响声创造出一种极佳的声音效果（我建议新教师一定要穿靴子，因为走路时可以发出一种铿锵有力的重击声，代表着你的权威，远远胜过高跟鞋的咔嗒声或胶底运动鞋的摩擦声）。

我一直走到那个男孩跟前，直到我们面对面站在一起，他把后背靠在墙上。我从部队长官那里得到启示，站在尽可能靠近他的地方。这样，他一呼吸就可以触碰到我，但我知道他不太可能接受这样的捣乱活动——去触碰一个老师。我们面对面站着，眼睛互相盯着对方。我知道，他有他的青春活力和坚定决心，但我的优势在于成熟的年龄和更多的生活经验。如果需要，我可以一直站两个小时军姿，而他能坚持几分钟就不错了。

尽管部队里的教官从不向我们透露他们的秘密，我却知道当他们死死地盯着一个心惊胆战的新兵时心里在想什么，“我要把你的心挖出来生吃”，或者其他类似的想法。即使没有真正意义上的恐吓，这样做也会给人一种压力。这也是我看着这位年轻的挑战者时心里所想的。过了几分钟后，他的上唇开始冒汗。我尽力让自己的声音听起来没有情绪波动，对他说道：“年轻人，如果你马上坐下的话，我会很欣赏你。”不出所料，他照做了。

我不知道我们俩究竟谁更吃惊一些。但从那一瞬间开始，我突然意识到，除非一个老师可以和自己的学生关系融洽，和谐相处，否则世界上所有的教师培训都将无济于事。所以我说：“非常感谢，年轻人！”接着我回到讲台，向大家宣布，“我太年轻不能退休，也太小气不能辞职，所以请大家坐下来保持安静。因为我是你们的老师，我打算留下来教你们，与你们一起待在这里”。

其中一个男孩举起胳膊，呼哧呼哧地喘着气，大声喊道：“撒谎！撒谎！”

“老实点，小心我踢你屁股！”我严厉地说道，“大家看到教室的门了吗？那扇门有双重作用。如果你想成为一个一无所知的失败者，那就请直接走出那扇门。如果你不想学习，那就不要走进这间教室浪费我和大家的宝贵时间。我来这里是想帮助你们成为成功人士，并不是想对你们颐指气使。如果我想对别人发号施令，那我还不如继续待在部队，那样更容易些。我永远不会羞辱你们，永远不会让你们感到尴尬无比，也永远不会强逼着你们大声朗读。因为我知道即便是一些成年人，如果让他们上班时大声朗读，他们都宁愿辞掉自己的工作。我会尊重你们的想法。如果有人因此而受罚，我会负全责。”

显然，从来没有人以这种方式陈述教育的理由，所以他们一时竟无言以对。接下来的一个小时里没人再朝我扔东西。我信心满满，第二天又来到了学校。当然，不出所料，他们也都来了。

但没过多久，这个年级的学生又蔫了，学起来没有一点儿劲头。我跟学生们解释说，如果考试想及格，你们需要做的就是依靠自己的天赋本领、学术能力以及坚定的决心，拼尽全力。

一个女孩摇了摇头，重重地叹了口气。

“无论我们做什么都不重要了。”她说，“因为谢帕德老师已经判定我们都不及格了。她在成绩册上用红笔给我们都写了一个‘F’。”

大家都点点头表示同意，脸上的表情不言而喻：**在正式的成绩册上用红笔写一个大写的“F”，还不如干脆刻在石头上呢！我们已经不及格了，**

何必再浪费精力呢？

“哦，这看起来可不太公平，谢帕德老师没有给我成绩册。”我说道，“所以，就我而言，每个人现在都是一个大大的‘A’，我正用红笔在你们的成绩册上写着呢。”

打开学生的成绩册，我开始用红笔在每个学生名字旁边的空白处写上大大的“A”。我能感觉到教室里流淌着学生不可置信的表情变化。大家都不约而同地屏住呼吸，紧张地盯着我的笔。我能感觉到他们欣喜若狂，心中荡漾着美好的希望。

接着，我听到教室后面的一个男孩小声嘀咕“她在说谎”。

他旁边的一个男孩也开始窃窃私语，但明显声音更大，“闭嘴！万一她说的是真的呢？我还从没得过A呢”。

就这样，我最基本的教育哲学理论至此诞生了：

> 学生一旦相信自己有可能成功，他们就会全力以赴。如果他们不相信自己能成功，不管考试内容多么简单易懂，或者学生多么聪明绝顶，他们都必定通不过考试。

这就是我给那些曾经被公认为教不好的学生（他们都下定决心努力学习，发誓要通过我这门课的考试）上的第一堂课。

* * *

我并不是在暗示，自己的教学从此就可以变得毫不费力，或者从此再无任何挫败感，因为我也曾失败过，但这些失败并不是因为我和学生之间形成了对抗，也不是因为学生缺乏尝试。一旦我认定自己是真正站在他们这一边的，那么我的目标就是来帮助他们成功而绝非打败他们。大部分学生都会感到自信满满，至少他们能够主动完成老师布置的任务和家庭作业了，其中有些学生甚至是第一次完成了家庭作业。坚持不懈的人需要付出更多的努力。我让他们写私人日记作为和老师沟通的桥梁，原因有很多：我可以根据他们的笔迹、是否匿名以及是否坚持记日记来了解有关他们的一切。

即使是业余的笔迹分析师也能在学生的日记中找到他们性格的线索。例如，自尊心极低的孩子的字常常写得很轻、很小，且字迹模糊不清，就好像希望自己是隐形人一样。有阅读障碍的学生经常写错字母或直接省略句子中的某些单词。有创造力的学生往往是动觉型学习者，他们可能更容易过滤掉一些无关紧要的信息，或者用漫画、符号、插图来装饰自己的日记。

匿名写日记是学生的主意。当我要求他们在日记里写下有关自己的事情时，有几个学生抱怨说他们不想写自己的“私事”，因为我会看到并以此为把柄来要挟他们。我向他们保证，除非我认为他们日记中所写的事情会伤害到自己或别人，否则绝不会向别人透露他们私人日记里的任何内容，即使对方是他们的父母或者校长。接着他们又提出了反对的意见：我会给他们不及格，因为他们的语法和拼写都很差。

“我只根据日记的内容打分。”我再次向他们保证，“我希望你们能够逐渐培养自己的逻辑思维能力并且能够清楚地表达自己的想法。即使出现语法或者拼写错误，我相信你们总有一天能搞定那些问题。我宁愿读一些语法粗糙但令人信服的东西，也不愿读一篇语法完美但无聊透顶的日记。”

“您的意思是，这虽然是英语课，但您并不打算根据语法和拼写来评分？”一个女孩充满疑惑地问道。

“如果我们做的是语法或者拼写练习的测试，那我就根据语法或者拼写错误打分。但对于你们的日记，我一律不予追究语法和拼写错误。如果我们需要写一篇正式的作文，你们可以从自己的日记里挑选一篇，不断地修改其中的语法和拼写错误，最后交上来我再给你们评分。”

于是，他们开始觉得这是件好事，大约有一半的学生愿意尝试。但坐在教室后面的一个男孩想知道如果他们写了关于自己的私事会怎么样，如果有人偷了他们的日记，并把他们所写的内心深处的想法告诉了心地不好的同伴怎么办？我承诺他们可以在日记的背面画上特殊的符号来表示自己的姓名。只有学生自己和我知道符号代表的意义。这样一来，就算日记本丢失或被盗，也不会有人知道作者是谁。此外，我还会张贴一份书面通告，将偷日记行为（包括未经允许偷看别人的日记）定为F级重罪。我会在法律允许的范围内对偷日记的人严惩不贷，或者采取一些非法手段惩罚他，但保证自己不会因为违法而被抓起来。我保证任何一个日记泄密者在我抓到他时都会后悔莫及。

“您的意思是说，您会因为我偷了某人的日记而对我做一些可能让您惹上麻烦的事吗？”那个男孩问道。

“是的。”我回答道，“我认为，对你们来说，能够诚实表达自己而不用担心某种形式的报复是至关重要的。”

“您的意思是说，假如我真的偷了别人的日记，您会真的发怒或者做更过分的事情？”

“是的，我会的。”我回答道。

“那样的话就棒极了。”那个男孩说。他的同学也点点头表示同意。就这样我们开始了写日记。每天我都会给他们一些提示，提醒他们可以写什么，而他们则需要写满满一页的字。每天的提示可能包括以下内容：

1. 谈谈你撒了个弥天大谎但最终被抓住的事。

2. 给父母写一封信，告诉他们你曾经做了多少好事或坏事（你可以写完后就把信撕掉）。

3. 什么事情会把你气得想骂人？

4. 告诉我你曾经遇到过的你觉得最好或者最坏的老师。

5. 描述你一生中过得最美好或者最糟糕的一天。

如果上面的内容学生都不想写，也可以自由发挥，只要做到认认真真地去写就可以。

“不要给我写一篇中午去吃比萨的流水账日记。”我警告他们，“写点儿真正值得一读的东西，慢慢提炼自己的想法，我正在从你们当中寻找一些写作人才。”

写完日记后，如果觉得自己写的事情涉及太多隐私，不想让老师看到，那么可以把那一页折叠，这样老师就不会读这篇日记了。我发誓，我会轻轻掀开这一页的一个边，只看看页面上是否有文字，但我不会去读日记内容。有好几个星期，我都信守承诺，绝不去读他们折叠过的那篇日记。然而有一天，一个很少和任何人（包括我在内）说话，日记也常常只有寥寥几句话的男孩坐在那里一直在忙活，甚至写日记的时间结束后，他还在乱涂乱画。我忽然特别渴望读他的日记，或许可以发现事情的来龙去脉。那天晚上，我翻开他的日记，发现那一页已经折叠过了，但我忍不住翻开了那一页。里面有些碎纸，有一小片明显是从笔记本上撕下来的，上面非常潦草地写着一句话，“我知道自己不该相信你，你这个该死的骗子”。这是我生平第一次也是最后一次去读我发誓不读的东西。

让学生写日记的目的是，说服他们相信自己有话可说，让他们摆脱拼写和语法的束缚，看看他们对批判性思维和写作到底了解多少。但那些日记让我对学生的举止行为有了深刻的了解，我规定，在我的课堂上学生必须学会写日记。这些大家公认的“教不好的孩子”竟然考试及格了，我也因此在学校里赫赫有名。在接下来的四年时间里，我教了上百个孩子。通过阅读这些孩子的日记，我学到了人生中最重要的一课：

> 凡事皆有因，孩子所做的一切都是有原因的。在你真正了解孩子某种行为的原因之前，别指望他能做出永久性的改变。

* * *

许多学生的行为，在我看来简直不可理喻，直到读了他们的日记，我才了解到是什么原因导致了这些行为，我才真正明白了他们的所作所为。在这里，我想跟大家分享其中的三个例子。

“拯救高危青年项目”实施的第一年，泰莎在自己的日记里一页又一页地写着当一个拉拉队队员多么有趣，她打算上什么大学，将来如何幸福地结婚，以后打算生几个孩子，等等。然而到了第二年，上日记写作课时，泰莎却只会字迹潦草地写一些污言秽语，或者双臂交叉坐在那里，一个字也不写。她还拒绝做功课，和同班同学打架，藐视项目组的老师。我们用尽了各种各样的惩罚手段（记过、留校、家长约谈、停课等），但她还是我行我素。只有在家长约谈之后她才会有短暂的收敛。我想或许和她的父母再约谈几次，对她会更加有所帮助，但后来我才知道泰莎的父母已经离婚了，各自组建了新的家庭，她的父亲住得更远了。接到老师的约谈电话后，他不得不跟单位领导请假，开好几个小时的车才能来这里。

“你想爸爸吗？”那天晚上我在她的日记结尾处写道。第二天我把日记本递给她，她“哐”的一声就把日记本摔在桌子上，甚至都没有打开它。我轻轻地把日记本翻到我写的问题的那一页，然后走开了。

那天泰莎的日记写了一句话：“我爸爸要来陪我过圣诞节。”并且，她完成了所有的家庭作业。看来这样和她交流，会有点成效。于是，我继续在她的日记后面写上我的疑问。如果她答复我了，我便写得更多，我会分享自己小时候的经历，尤其是当我因愤怒或沮丧而行为不端时是如何陷入困境的。有一次，我提到自己的父亲直接跑来学校“纠正我的过错”。那天下课后，她主动留下来并告诉我，我父亲听起来和她父亲一模一样。

“每当妈妈管不了我时，都会打电话给爸爸，让他来纠正我的过错。”泰莎笑了，“他每次来都给我带礼物，还带我出去吃晚饭，有时候妈妈也会一起去。”

我们又继续在日记本上交流了几个星期，互相谈论着我们各自的家庭，直到最后我才明白到底发生了什么事情——尽管泰莎自己也知道不太可能，但她还是幻想着，如果爸爸妈妈待在一起的时间足够长，他们就会意识到自己依然深爱着对方。爸爸就会和现任妻子离婚，妈妈也会和她的新丈夫离婚。这样的话，爸爸就会回家，他们一家人还会和以前一样幸福。

“我知道根本不可能。”泰莎在她的日记里写道，“我还是忘掉这件事吧，但这并不容易，因为我比爸爸妈妈更伤心。”

跟泰莎不同，伊万在班里的表现非常好，但他的阅读与写作成绩很不理想。他参加了第一阶段的阅读补习，他很少会大声朗读，但他交上来的作业足以表明他的阅读理解能力和批判思维能力很强。虽然他的作文因为内容复杂导致语法和拼写错误太多而引人注目，但他仍坚持认为自己只需要补习阅读。

在他的日记本上和他交流了几周以后，我去了学校教导处，要求查看一下伊万从小学以来的学业记录档案。从小学一年级到初中八年级，伊万一直是班里的优秀学生。他的考试成绩很好，全都是A。为什么伊万会在高一突然变成了一名需要补习阅读的学生？我在他的日记里提出了我的疑惑。他回复道：“我只是太累了，约翰逊老师。我觉得我不能再读四年书了。我想如果我能进监狱的话就好了，那样我就可以拥有一张真正属于自己的床，不会有人经常开枪，我就可以心无旁骛地看书。”

帮他擦去眼泪之后，我意识到自己的任务是说服他相信智慧是取得成功的关键，监狱不是他逃离艰难生活的唯一方式。在随后的几年里，我了解到伊万绝非个例。直到今天，仍有许多儿童认为监狱是他们的最佳选择。这是一个有关儿童教育的可悲声明，也是一个所有成年人，特别是教师，必须承认并着手解决的社会问题。

伊万的同班同学埃里克在一篇日记的开头写道：“为什么每个人连自己在说什么都不知道，却信誓旦旦地说要反对毒品？”接着，埃里克进一步解释说他居住的帕洛阿尔托东部社区的一个男孩最近中枪死去了，但事实并不像新闻报道里所写的那样，“在错误的时间出现在错误的地点”。这个男孩是个好学生，深受大家的喜爱，他是在一次毒品交易中被杀的。

读了埃里克的日记后，我让他第二天放学留下来和我谈谈到底是怎么回事。刚开始他犹豫不决，迟迟不肯谈论这件事。直到我向他保证我只是想了解一下，绝对不会使他惹祸上身。我告诉他，我为他朋友不幸遭遇了这样的事情而感到很难过，而且我很关心他所写的事情，希望他能早点告诉我。

“但是您说过如果我们吸毒，您会为我们感到难过；如果我们兜售毒品，您会认为我们是人渣。”

我的确曾在一次有关贩卖毒品的主题班会中说过这样的话。当时，一个孩子吹嘘说贩卖毒品是最简单、最快捷的致富方法，我说这也是制造“毒瘾婴儿”（这种毒瘾是在母亲妊娠时期染上的）的最简单和最快捷的方法，任何贩卖毒品的人都是制造“毒瘾婴儿”的罪魁祸首，因此在我的字典里他们就是一些人渣。

“好吧，我承认我说话应该再严谨一些。”我说道，“我应该再仔细斟酌一下遣词造句，可能效果会更好些。实际上，我想让你们明白，吸毒会改变你们对现实的看法，但不会改变你们自己所处的现实环境本身。”

“那如果我兜售毒品，您不会认为我就是个人渣吧？”

“要看具体情况而定。”我说。

“我不是自愿的。”埃里克说，“那些家伙坐在一辆黑色的车里，车玻璃全是黑色的，你根本看不清他们长什么样子，车就停在公共汽车站旁边。每当我们下车时，他们就会选出一个人。有一天他们选中了我。一个家伙走过来，用枪指着我说，‘这有一个包裹，这里是地址，这是给你的钱。把包裹寄出去，否则你就等死吧’。他没有开玩笑，我只能帮他把东西寄出去。于是我也成了一个毒品交易者。他说如果我不继续为他们做事，就把我交给警察，我会被逮捕，然后因为贩卖毒品去坐牢。”

“这就是你朋友被杀的原因？”

“是啊。”埃里克点点头，“他拒绝为他们做这些违法的事情。”

我想哭，想尖叫，想抱住埃里克给他个拥抱，但我知道这样做反而会吓着他。所以，我用手捂住脸，这样他就看不到我的表情变化了。我不想让他知道这样的生活让我感到多么恐惧。

“不用担心，约翰逊老师。”埃里克说道，“现在已经没事了。”

“不，不是这样的。”我说，“如果那些人没有让你贩卖毒品就好了。”

“他们现在不找我了，我已经摆脱他们的控制了。”

“你去报警了？”我曾经想过建议埃里克那样做，但我不确定警察会相信他还是直接无视他的话。

“我加入了一个组织。”埃里克说，“我知道您不喜欢我们拉帮结派，但这个组织里的人都不是坏人。它更像是一个地方武装组织，不做兜售毒品、驾车抢劫等任何违法勾当。嗯，就是一群孩子穿着一样的外套。到站的时候，我们一起下车，这样那些家伙就离我们远远的了。他们会找那些独自一人下车的孩子下手。”

我想不出能对埃里克说些什么。他看了我几秒钟，然后拍了拍我的肩膀。“好啦，约翰逊老师。有时候您真应该想做什么就做什么的。”

好吧，我想做的就是——总有一天，我要拿到博士学位。

第4章

Chapter 4

新教师如何快速掌握教学技巧

寄给：学校管理人员

来自：卢安·约翰逊

主题：给学校管理人员的16条建议

我恳请学校的管理人员牢记以下16条建议，以期能够留住热情洋溢、活力四射的新教师。超过25%的新教师会选择在从事教学行业的头三年里辞职，所以请学校的管理人员在一切还来得及之前立即关注他们。

1. 让新教师成为高效的课堂管理人员

不排除有些新教师天生就知道如何掌控课堂纪律，但对大多数的新教师而言，这个问题是最让他们头疼的，并且往往是使他们痛下决心离开学校的罪魁祸首。课堂管理理应是教师培训项目必不可少的一部分。令人遗憾的是，教师培训课程向老师展示的许多课堂管理理论和技巧，特别是有关课堂纪律方面的惩罚技巧，一旦面对真正的孩子付诸实践时，却无济于事、收效甚微。尽管某些技巧可能会暂时减少教室里学生的喧闹声，阻止个别上课时随意离开座位的学生，但不会让老师和孩子们之间形成一种和谐融洽的关系。而且，其中许多技巧不但解决不了问题，反而会产生事与愿违的结果，最终引发更多更严重的学生纪律问题。

制定一系列的规则及惩罚措施，并不能让学生主动形成良好的行为。威胁和惩罚学生反而会导致班级里出现紧张、沮丧以及愤怒的气氛，老师和学生之间剑拔弩张，不经意之间就会产生一次又一次的对抗。但如果班级里能够形成一种坦诚对待、相互尊重的气氛，那么学生的心理动态就会发生变化，他们会心甘情愿地约束自己的不良行为——他们是自愿的，而不是因为害怕被老师惩罚。课堂管理的关键在于老师和学生之间能够形成一种融洽的关系。可悲的是，许多新教师只会手持一本学生守则、一叠违纪处罚单，带着对学生发号施令的决心，昂首阔步地走进教室。那些老师甚至还叫不全学生的名字，就发现自己和学生之间已经横亘了一条无法跨越的巨大的鸿沟，于是只能朝着那些正站在自己面前，虎视眈眈地盯着自己，不知叫啥名字的学生大吼大叫。

要求学校的老教师推荐一些有关课堂管理的优秀书籍和视频，并把这些资料分发给新来的老师。在学年初，提醒新教师有效的课堂管理包含以下几条基本原则。

做好预防工作。高效能教师绝不会把自己藏在课桌或者讲台后面。他们会在教室里来回走动，始终和学生进行着目光交流，随时用他们的身体语言来警告并制止那些蠢蠢欲动、试图扰乱课堂秩序的学生。

尊重学生。好的课堂管理者懂得让学生对自己的行为负责。纠正学生的不良行为是为了帮助学生做出更好的选择，而不是为了惩罚学生。不到万不得已，他们不会把违反纪律的学生上报给校长，也不会给家长打电话，更不会采取关学生禁闭等惩罚形式。他们给予学生真诚的尊重，同时也得到了学生相同的回应。

给学生选择的权利。高效能教师不会惩罚自己的学生去面壁思过。他们允许学生跟自己要点小聪明，也允许学生在以下三项措施中任选一项：改正当前的不良行为，停课反思，或者执迷不悟并接受学校有关规章制度的惩罚。

2. 为新教师减负

为新教师安排最少数量的不同课程，而不是为了取悦学校的老教师而给新教师安排最大数量的不同课程。老教师可能备课更充分，授课更有经验，也更有可能牢骚满腹，无论给他们安排多少不同课程都不会满意。一些经验丰富的老教师喜欢抱怨自己的工作比其他老师的更难。所以，多给他们安排一些准备课程，将会为他们提供午餐时间牢骚满腹和高谈阔论的资本。但富有同情心的老教师非常明白，他们的额外付出将会帮助新教师更好地提高自己的教学技能，以应对那些越来越重的教学任务。

新教师需要一定的时间来创建良好的、适应自己的教学风格的课堂氛围。如果学校的老师上课必须从一个教学楼跑到另一个教学楼，从一个教室跑到另一个教室，怀里还要揣着自己的教具，那么，除非万不得已，不要把这样的教学任务安排给新教师。要保证新教师有足够的时间在课堂上搞些小花样以调动学生的积极性，而不必担心自己拖堂后不能及时赶上下堂课。

尽可能让新教师在第二年（第三年甚至第四年）继续讲授同一个年级

的同一门课程。这样做能让他们快速成为某个领域的专家并逐步开发出一份比较专业的作业作品集，他们上课会更自信、更有气势，他们也将成为更幸福、更富有成效的老师。

3. 让优秀教师给新教师做演示

鼓励新教师去观摩学习教学效果优秀的老师的课堂教学，不要局限于他们自己所教的科目。新来的英语老师可以观摩一堂生动的生物课并从中学到很多东西，一个社会研究学的老师可以从一次数学小测中获得一些好的启示。观摩学习一个优秀讲师几个小时的课堂授课，相当于学习一整个学期的大学课堂管理课程。

如果一个新教师在授课、维持课堂纪律、提高领导能力或学生动机方面力不从心，但自愿每周去听老教师的课，那么他可以去观摩学习在这些方面表现优异的老师的课堂教学。当你身为一名学校校长，却需要充当一段时间的代课老师时，你需要达到以下几个有价值的目标：你必须为新教师提供一些宝贵的课程培训；给予那些经验丰富的优秀老师积极的肯定；适当地给学生机会向朋友炫耀，自己的任课老师是校长；和学校的学生建立起融洽的关系并理解他们的所作所为。一个小时的类似工作也不错。

4. 少给新教师布置教学以外的任务

只有在新教师确信自己能够干好本职工作时，才能允许他们选择志愿者服务，而不是要求所有的新教师都报名参加学校的各类俱乐部或活动。许多初来乍到的老师觉得自己必须自愿参加学校举办的各类活动才能赢得老教师的好评。确保新教师明白学校对他们的评价首先是基于教学任务的评价。学年伊始，乐观的新教师可能会觉得自己能胜任任何一项任务和挑战，但等到了圣诞节期间，很多新教师会落后于学校其他老师。春假会让他们更加疲惫不堪，给自己施加太多的压力，以至于在学年结束的那一刻他们会陷入窘境而被迫选择辞职。

许多新教师仅仅为了应付学校评估和学生课堂作业就已经很吃力了，还要被征用、强迫或自愿担任教练、俱乐部老师、年鉴编辑、学校护卫队成员或拘留监察委员。学校管理人员在给他们分配一大堆其他任务之前，请允许他们用一两年的时间集中精力进行基本的教学任务。老教师仅需半个小时就能完成的工作，新教师可能需要几个小时，这仅仅是因为新教师对教学计划、教学过程以及学校要求的教学程序还不怎么熟悉。

如果迫不得已需要给新教师安排额外的任务，尽量给他们安排些投入时间和精力最少的工作。例如，担任毕业舞会或返校舞会的陪同人员，安排他们在星期六值班或者在其他项目中值班并允许他们领取加班费。

5. 给新教师自由发挥的空间

每个教师活动日或在职日，允许新教师有半天的时间可以和他人进行合作，或者自己在教室里工作。新教师可能会拼命寻找更多的时间能够让自己心无旁骛，不受任何干扰地去工作，如果能允许他们拥有这么一段时间就算帮他们大忙了。许多老教师也需要这样的一段备课时间，以保证更好的课堂教学效果。只有老教师把自己的事情安排妥当，才能持续不断地帮助新教师。老教师基于他们多年的教学经验，可以给新教师提供诚恳的建议，同时也可以从新教师那里学到创新大胆的教学方法。

需特别谨慎的是，要确保学校的教职员工发展计划能切实解决新教师的实际问题。或许某次教学演讲的主题焦点虽是当前热门词汇，却与教师工作不大相关，导致你对新教师们热情洋溢的演讲嗤之以鼻或无动于衷。

但在讲座和报告之后，你最好让自己的专家们——你的老师——能有机会在大家面前大显身手，展示他们的风采。安排一定的时间让他们互相交流经验，分享各自的成功和挫折，探讨他们遇到的问题以及解决问题的方法。按主题或者年级给老师分组，或者让老师们自由组合、互相讨论。这样，新教师们就可以很快在同事之间建立起友谊，对于这些远离同龄人来独立工作的人来说，这是他们职业中的一个重要方面。对于新教师来说，在谈到学校纪律问题时，知道自己不是孤军奋战，并且身后有强大的后盾，会极大增强他们的自信心。

6. 包容新教师的缺点

无条件支持新教师。特别是出现问题时，不要让新教师觉得自己无依无靠，而要体谅他们的担忧。如果新教师与学生、家长或学生监护人的沟通出现了问题，请一定尽你所能为新教师提供帮助。不要在任何人，特别是学生与其他教职员工面前贬低新教师或者让他们感到无地自容。如果一个新教师与他人发生了冲突，你又恰好在场，除非你有足够的理由相信这个新教师做错了，否则你必须无条件地支持他。随后进行调查，充分了解情况后再做出公平的判断。如果一个新教师在惩戒学生时寻求你的帮助，请你慷慨相助。记住，如果新教师觉得自己有能力处理某件事情的话，是绝不会向你请教的。

当然，新教师偶尔也会犯错。除非你的生活毫无瑕疵、堪比完美，否则你有必要审视一下自己的过去，并借此激励自己为新教师提供无偿的道德和专业上的支持。如果新教师屡犯同样的错误，那么请你私下联系他们，为他们提供一些有用的资源，让他们在需要注意的方面（也许是课堂管理、解决冲突、正面管教或领导艺术方面）接受额外的培训。

每个社区都是一个独特的政治和宗教信仰的混合体，确保新教师了解所在社区尤为重要的政治和法律情况，包括当地居民特别感兴趣的话题。例如，在某些社区，教学改革是一个争议不断的危险话题，如果没有行政部门的一些指导，一个新的科学老师可能很难掌控类似的问题。学区内频频发生的家庭暴力、父母对孩子的熟视无睹或过度干涉、滥用毒品、拉帮结派、少女怀孕、无家可归等问题，都可能会直接影响到新教师与学生及其父母的关系。所以，你必须施以援手，帮助新教师对所在社区的情况进行完整准确的评估。不要强求新教师面对困境必须提前做好准备，以免把他们吓跑，如果他们胆小懦弱的话，当初就不会选择当老师。为他们提供一些“直截了当”的建议，可以帮助他们避免面对突发情况时措手不及，犯一些不可饶恕的错误。

7. 为新教师提供多个指导教师

确保每一个新教师至少有三位可供咨询的指导教师。导师的人选不需论资排辈，或只局限于资历高的老教师，也可以选择那些极具天赋的年轻老师们。鼓励两三个新教师一起组建团队，因为他们可能需要临时换课、合班上课或开发跨课程作业任务。密切关注那些总是独来独往的新教师。或许他们乐于享受那种讲了一上午课后独自吃午饭的感觉，但也或许是他们觉得自己在教职工餐厅受排挤或者不受欢迎。如果你对新教师的介绍还只是欢迎所有新来的老师，那么伴随着其他教职员工热情的掌声及期待，是时候让新教师们做一些具体的自我介绍了。

除非你对老教师了如指掌，确定谁当谁的指导教师最合适，否则不要给新教师安排永久的导师。提供一份教师清单，让老教职工陪着新教师逛一逛校园，熟悉一下学校的主要机构所在地，例如教材科、教职工休息室、系办公室、复印中心、多媒体艺术教室、计算机实验室、娱乐室以及教职工餐厅。只有你花时间发现新教师的独特性格，才有可能为他们指定可以真正帮助他们的永久的导师。

小心那些过于热心的志愿者。一些老教职员工可能会自愿担任新教师的指导教师，但这仅仅是因为他们想招募新人，扩充他们在学校里的小团体的力量。确保你为新教师指定的指导教师是学校的优秀教师，并在同事和学生之间享有一定的声誉。一些老师本来就有职业倦怠，对自己的职业牢骚满腹，或者对工作抱有做一天和尚撞一天钟直至混到退休的态度。如果安排这样的老师当新教师的指导教师，那么对新教师来说，这将是一个悲剧。

还可以在你的社区内寻找合适的指导教师。社区里已经退休的教育工作者和行政管理人员都乐于担任新教师的指导教师。也可以考虑当地学院和大学里享有优秀声誉的教员，或者邀请那些不在本区工作的指导教师参加你们学校的教职工大会，并鼓励他们去观摩新教师的课堂教学。

8. 和新教师保持联络

如果学校教室里没有内线电话，那就确保在教室上课的新教师配戴双向对讲机，以便他们在需要指导或者急需帮助时可以联系到办公室。如果内线电话和对讲机都没有的话，那就给新教师提供无线对讲机或者传呼机。不要让新教师因为无法及时求救或者寻求帮助而陷入困境。

鼓励学生家长与老师保持联络。学生家长的支持和参与是学生赖以成功的法宝。在新教师最初与学生家长或监护人建立和保持联系时，请为新教师提供合理的建议、指导，以及道义上的支持。如果新教师在与家长的联络中遇到困难，请一定协助他们渡过难关。让家长们知道你很重视新教师，并且会永远支持他们（除非你有足够的理由不这样做）。

为新教师提供一个单独的房间，以便他们可以使用外线电话联系学生家长。因为新教师往往工作时间很长，可能大清早、放学后或者晚上在校外也需要给家长打电话。必要时，请为新教师提供共享手机、详细的电话日志，并允许老师在特定时间里可以在办公室使用公用电话。

9. 经常拜访你的教学新手们

经常到新教师的课堂上转一转，不是去挑剔或者评价他们，而是在必要时提供及时有效的道义支持和指导帮助。经常督促引导他们，以便他们可以在正式的专家评估中表现得从容淡定、胸有成竹（请你一定不要成为一个伪管理人员，从不光临学生教室，却能伪造出学区办公室要求的教师评价意见。如果毫无经验的新教师想成为优秀的、经验丰富的老师，就需要来自他人真正、诚恳的评价和帮助）。

确保新教师乐于寻求他人帮助，而不必担心如果承认自己有问题，会因此丢掉自己的饭碗或者获得领导的差评。新教师一定会遇到自己解决不了的问题。但如果你在场并及时提供帮助的话，就可以缓解很多问题。而且，经常到新教师的教室转一转，当着学生的面与新教师聊聊天，学生就会明白，你和他们的教师是同一战壕里的战友。这样做可以培养学生们更好的行为举止和自尊心。

如果新教师教的是一群特别爱扰乱课堂秩序的学生，那就主动出击，与学生达成某种协议，或者向学生提出挑战，要求学生完成一个难度较高的项目，或者成绩不低于最低平均分，以换取校长自掏腰包给他们的特别奖励（办一场比萨派对、观看一部租赁电影、欣赏一场单口相声表演或者邀请魔术师来教室为学生表演魔术）。能够从校长那儿免费得到一些奖励，学生们一定会兴奋至极。除了协助新教师激励学生好好学习，你还需要和那些被叫到你办公室的学生们建立融洽的关系。

10. 为新教师提供电子计分系统

为新教师提供电脑软件，为他们节省更多的工作时间，消除他们的沮丧情绪。必须为新教师提供创建计算机评分系统项目的专业培训，并给他们足够的时间输入所需数据。一般一个班级有25名学生，光是把学生的名字和学号输入计算机评分表里就需要将近一个小时的时间。然后还必须把评分项目细化到不同的单位和主题，必须慎重考虑并决定每次作业和考试所占权重是多少，必须创建每项作业、课堂小测以及考试名称及类型栏目。最终，输完所有的数据以后，老师才能计算并打印出每个学生的进度报告、具体班级的平均测试分数、给予额外的奖励以及学生的班级排名情况。创建这样一个系统的过程可能是缓慢烦琐、枯燥乏味的。

如果你的员工指导部门有一个计算机奇才，你也许可以为新教师提供一个母盘，里面包含了他们所教授班级的学生名字、学号、电话号码以及学生家长或者监护人信息。或者你可以为他们配备一个可以熟练操作计算机的学生助理、一个老教师，或者一个可以随时提供技术支持的技术员，以帮助这些新手们尽快学会计算机评分系统的操作流程。

除了便利新教师的教学生活，计算机评分机制还可以激励学生刻苦学习。许多孩子喜欢看到显示他们学习进步的打印记录。定期报告为他们提供了一种可视化证据，激励着自己朝着既定目标不断努力前进，也可以避免学生和父母对成绩有所怀疑和争议时那种震惊、疑惑不解的情绪以及心理创伤。如果某个学生的成绩有所下滑，老师可以让他看看自己评分报告上的成绩，并输入数据以证明他的成绩可以轻而易举地再提高一个分数档。

学生通常不理解为什么一两次没交作业总成绩就会低那么多。电子评分报告能够引起某些学生的注意，他们可能经常不听老师警告或者不听讲座，但他们却精通电脑并相信数据。

11. 为新教师提供优秀教案以供参考

是的，新教师本应知道如何设计一门课程的教案。大多数新教师也懂得如何去做，但设计一份符合教育课程要求的教案，就像利用一盒原材料做出一块美味蛋糕一样。新教师需基于不太熟悉的教材制定一份可行的教案，而且内容要结合学区和国家教育课程标准指南，涵盖一些强制性测试以及学校老师自己设计的那些测试题，避免与实地考察项目、体育项目、同学聚会、毕业舞会、毕业照相日、学校开放日、教职工培训日以及全校范围内的考试发生冲突，其复杂程度可想而知。

通过为新教师提供老教师编写的课程教案和课程大纲优秀范例，可以促进新教师进行有效的时间管理，设计出适合学生的课程教案，心平气和地解决问题，提高这些毫无教学经验的新手员工们的士气。尽量提供不同风格的课程教案和课程大纲范例，以便新教师可以意识到课程教案和内容展示不是只有一种正确的格式，但要让他们知道优秀的课程教案一些基本的共同点。

向新教师保证，你会理解他们偶尔因为特殊原因不得不偏离课程计划的情况，因为学生经常会让老师出乎意料，他们偶尔会比预期花费更多或更少的时间学完一个单元。许多新教师担心，如果不按课程计划里事先设计好的课程安排上课，你会对他们失去信心且认为他们教学效果不佳。如果新教师屡次三番地完不成自己制订的教学计划，那就鼓励他们花点时间去重新研究一下同门课程老教师的教学计划，或者重读一下课程教学大纲，通常教学大纲会对一个学期甚至半个学期的授课内容及材料提供广泛的建议。

12. 为新教师争取福利

如果学校有工作小组或者培训计划项目的财政预算，那么请用来给那些参与项目的新教师付工资，这样他们就不必去暑期培训学校上课以赚取日常吃饭的费用。许多新教师利用暑假的时间去培训中心授课，他们并没有意识到自己还需要一个精神和情感上的假期，以避免自己在新学年初就力不从心。那些坚信自己绝不会产生职业倦怠的新教师，往往在假期里消耗了过多的时间和精力，结果还未到圣诞假期就已经疲惫不堪了。

为新教师提供学校体育活动项目的免费通行证。这样做不仅为他们节省一大笔开支，也会激励着新教师邀请自己的学生一起运动，在学习之余与学生互动交流，更好地促进教学活动。和学生在露天看台上的一次闲聊或者足球场上的一次挥手致意，对于加强学生与老师之间的情感纽带的作用，比在教室里进行无数次谈话的效果好多了。

鼓励当地的商人给予老师适当的折扣优惠。例如晚餐减免一美元、办公用品打折、银行免费办理支票等，这样做可以让家庭条件比较贫困的新教师少吃一顿毫无营养可言的速食晚餐。

13. 为新教师提供营养餐

尽可能为新教师提供营养餐。不是咖啡、甜甜圈、面包、甜点，我们学校患有糖尿病和肥胖症的人已经不少了。为新教师提供瓶装矿泉水和不含咖啡因的冰茶吧。为他们提供一盘新鲜的生蔬菜配着蘸汁和橄榄、一碗椒盐脆饼干和烤薯条、沙拉、全麦饼干和低脂奶酪、三明治、酸奶等，这些食物既可以滋养大脑，还可以培养思维能力。你将会发现吃不好的新教师授课不如那些营养丰富的老师高效，教学效果也不如他们。

附言：如果在教师休息室里安装一台自动售货机，里面装有各种健康的薯片和糖果，那些工作到深夜或清晨去工作的老师就可以简单补充点零食，而不至于危害自己的健康导致注意力不集中。这样做的话，那些新教师会对你赞誉有加，从而更加努力地工作。

14. 教新教师学会设计学生作品集

有经验的老教师都知道，要求学生在几天或几周之内，独立完成一份学生作品集的作业是测评学生学习的最佳方法。因为作品集要考虑到学生截然不同的学习速度，要学生密切合作，以此培养他们的创造力和学习动机，要为学生提供机会，让他们学会合理安排自己的时间和目标设定以及锻炼新的学术技能。但新教师往往一想到学生作品集就会发怵，因为要考虑很多因素和问题：我该怎样去设计这个作品集？多长时间比较合适？学生需要多长时间完成这个作品集？哪个部分分值更高些？如何给学生布置这项任务？整个作品集该给多少的分值？如果优秀的学生没有完成这个作品集，或者得到的分数比预想的要低，那该判他们不及格吗？课堂讨论时什么程度的噪声和混乱可以接受？一个班有30个甚至更多的学生时，该如何去监督他们？如何对待那些在学习上似乎没有多少外在动机的学生？如果整个班级的学生都在学习上苦苦挣扎该怎么办呢？

你可以通过为学生提供一些有关学生作品集的设计和实施方面的指导来回答这些问题，激励学生发挥自己的创造力。为学生提供一些往届学生的学生作品集典型范例。如果你的学校没有做过类似的作品集设计，在网上或者在教育教材上也可以找到好的范例。邀请老师们一起分享他们最好的作品集。建议使用不同的评分方法来给学生的作品集评分。为新教师安排几个志愿者，帮助新教师设计他们的第一份学生作品集。经常去教室看看，如果可能的话，定期和志愿者见个面，聊一聊大家需要多多关注的方面。

15. 控制新教师班级里问题学生的人数

我知道学校管理人员在新学期刚开始时一定会特别繁忙，他们不希望再有别的事情来烦自己。但如果你能在开学前花几分钟时间浏览一下新教师的花名册，就可以为自己和他们省下几个小时的麻烦。核实确保不是所有难管的孩子都在这些羽翼未丰的新手的班级里。每个学校都有几个（很遗憾，有的学校有很多这样的学生）让人头疼的问题学生，需要老师付出超乎寻常的耐心和精力。这些问题学生经常有意无意地甚至精心谋划地给老师，特别是新教师，惹是生非，而且情况和新教师在职培训时看到的案例绝对不一样。遇到这样的学生，一些新教师可能会直面他们的挑衅，但大多数新教师会因害怕而退缩，或者直接尖叫着逃走，结果一定是两败俱伤。学生可能被关在禁闭室里（或者在你办公室）更长时间；新教师的自信心也将严重受挫，并会导致睡眠严重不足，因为作为新教师，他们缺乏应对这些情况的经验而感觉无法承受。你的咨询顾问和纪律委员会成员必须在新教师出现问题后，第一时间帮忙收拾残局。

16. 向新教师表达您的谢意

尽管有很多其他赚钱的机会，但大多数新教师还是愿意从事教学行业——他们不是为了钱才来教学，而是因为教学是世界上最令人沮丧、最困难重重、最具挑战性却最令人满意的工作。确保新教师们知道你理解他们是一批特别的人。一个学期至少一次，在走廊上向每个新教师表达你的感激之情。告诉他们你已经意识到教学是一份挑战性很强、困难重重的职业，尽管有很多其他方面的回报，但你欣赏他们为了教育甘愿来教学；跟他们握握手；在员工对讲机上真诚地感谢他们；特别在学校公共场合和学校开放日要对他们致以衷心的感谢；用言语、食品、书籍、金钱、奖品、当地银行和饭店以及商店的折扣券等感谢他们。对于老师来说，你怎么感谢他们都不为过。

第5章

Chapter 5

学生犯错误时该怎么做

把关学生禁闭作为惩罚学生不良行为的万灵药，就像用一种处方药治疗身体各种疾病一样。我们从不期望仅靠一种处方药就可以治愈感冒、流感、骨折、溃疡、头痛、心脏病、癌症等，然而我们却希望仅靠一种惩罚方式就可以解决上学迟到、攻击他人、恃强凌弱、心理疾病、疏忽大意、担惊受怕、气急败坏、好吃懒做、喋喋不休、公然蔑视老师、哗众取宠、喝酒买醉、痴心妄想、丢三落四、脏话连篇、玩忽职守、滥用毒品、考试作弊、谎话连篇、作恶偷盗，以及学校学生之间的敲诈勒索等问题。

关学生禁闭导致的问题比原本需要解决的问题还多。经过深思熟虑后，我决定按自己的方式教育学生，并坚信我的道德准则比我自己在同龄人中的受欢迎程度更重要。我没有把迟到的学生送到禁闭室，但要求他们午饭时间必须在教室学习，以弥补他们由于迟到而错过的课堂时间。

“你必须按时来上课。”我向学生解释道，“但我知道有时候生活的各种情况难免会让守时很难。既然学校想让你们表现得像个年轻的大人，那么我就要像对待成年人那样对待你们。因为将来你们在大学里上课迟到或者上班迟到，你们不会掉头就走直接回家。你会悄悄地，尽可能不打扰别人，迅速地找到自己的位置并坐下来开始听课或者干活。如果你的主管不是很忙的话，跟他解释一下为什么迟到并向他道歉。这就是我想让你们做的事情。”

学生对我的规定积极地配合，从那以后，他们都尽其所能地按时到达学校。迟到的学生都会毫无怨言地、自觉地在午饭时间补上早上错过的时间。同时，他们的行为举止也渐渐地有所改善，学习动力也慢慢地提高了，因为他们开始明白，老师是真的想帮助他们完成学业，为他们毕业后赖以生存的生计做充分的准备。

在学期的第一个季度末，新教师们一起开会评估了一份表格，表格中的数据显示了每个班级的不及格率。我的班级不及格率是7%，是表格中唯一的一个个位数。一半以上的新教师班级不及格率是25%或者更高。

“我的孩子们一点也不在乎这些。”邻班的数学老师抱怨道。我欲言又止，最终没有指出，尽管他是新教师团队的领导，但由他送去禁闭室的学生比其他任何一个老师都多。

和副校长讨论用什么方法能够提高学生的成绩和学习动力时，我不再保持沉默。我对她说，我认为学生因为迟到而被关禁闭的这种规定是最极端的做法，会导致学生成绩更低，出现更多的纪律问题。

“我能马上列出一份迟到学生的名单，尤其是经常被关禁闭的男孩，他们的行为举止也会随着学业成绩的下滑而迅速滑坡。我预测这些学生上高三后，大部分课程都会不及格，甚至很容易辍学。如果不辍学，他们也将被转入非传统学校、少年管教所，或者参加一些类似的预防辍学的项目。

我觉得我们可以制定一种替代策略来惩罚这些违纪的学生，一来可以改善他们的不良行为，二来也不会影响他们的学业成绩。”

副校长沉默了大约60秒的时间后，合上她的笔记本，说道：“我觉得没必要那样做。”

第二周，上课铃响起以后，那个数学老师站在我的教室门口，不准迟到的学生进教室。

“您在做什么？”我急忙问道。

“把这些迟到的孩子送到禁闭室，送去他们该待的地方。”那个数学老师说。

“但他们是我的学生。”我争辩道，“我才应该是那个处置他们的人。”

“新教师对待迟到的学生必须保持一致的标准。”数学老师解释道，“如果我们不这样做，那么孩子们就会占了上风。”

具体细节我不再赘述了。学期一结束，我便辞去了这所学校的工作。我纠结了好几个晚上才做出这个艰难的决定，我不愿让自己参与到这种惩罚制度中。我做不到假装相信这样的惩罚制度行之有效，也做不到眼睁睁地看着自己和学生强烈反对这种制度却无济于事。

我多么希望可以说那个学校的制度属于个案，但其实并不是。在另一所高中，学校领导要求老师在上课铃响完一秒钟内把教室的门锁上，以表示一堂课正式开始了，即使学生已经到了走廊并正朝教室冲过来。当迟到的学生无助地徘徊在自己教室门口时，通常学校保安会过来，把他们送到学校的禁闭中心，在这里学生被要求做些文字游戏或者其他一些初级表格，但绝不可以做自己的作业。当我怀里夹着装满学生作业的文件袋来到禁闭室，想让在禁闭室监督的老师把作业交给一个我的学生时，他告诉我因为学生正在受罚，所以不允许他们做课堂作业。

“但这样做解决不了学生迟到的问题啊。”我争辩道。

“规则不是我定的。”监督老师说道，“我只是在执行学校的规定。”

我没有再和他争辩。相反，我询问了学校里几个不同的教职工，得知这个人根本不是学校的在编老师，也不是任何一位老师的课堂助理。第二天，了解过班上经常迟到的学生情况以后，我隔一段时间就去一趟禁闭室，手里拿张纸，上面写着班里失踪学生的名字。当监督人打开门时，就递给他这张纸，并告诉他，“我是约翰逊老师，我要找这些学生，如果他们在这里的话”。

监督人会瞥一眼这张纸，查一下他的登记表上的学生名单，然后把我学生的名字划掉并让我带走。我会轻轻地朝监督老师点点头，严厉地要求学生“抬头听我说”，学生会很配合，看起来一副不知所措、小心翼翼的样子。

当第一批被救的学生快走到教室门口的时候，其中一个学生清了清嗓子，问道：“发生什么事了，约翰逊老师？”

“这个班，由我来负责你们的课程学习、人身安全以及你们的幸福。我不会送你们去禁闭室。如果你们在其他老师课堂上调皮捣蛋而被关禁闭，那么你们就自己想办法。如果你们仅仅因为迟到而被关禁闭，那我就会想办法救你们出来。如果我是你的话，这件事我会保密。”

“这样做太酷了！”那个男孩喊道。

“我不打算装酷，”我解释道，“我只是尽量保持理智。你们在禁闭室里又做不了什么。不过，你为什么会迟到？”

“爸爸开车送我到学校。”男孩说道，“但他早上总是开得有点慢。”

“那他上班不就迟到了吗？”我问道。

“才不呢！”男孩耸了耸肩，“爸爸是个承包商，所以他不必和工人一样大清早就到工地，他到工地就是去监督他们干活。”

“嗯，我就是咱班的承包商。”我说，“你是干活的工人。所以，你必须准时出现在教室里。”

“哎。”男孩伸出双手叹气道，“我该怎么做？我已经被叫了两次家长了，爸爸保证以后会准时送我到学校，但他还是老迟到。这不是我的错。”

“不，是你自己的错。”我说道，“你已经不是一个小孩子了，你是个青少年。如果你爸爸不能准时把你送到学校，你得考虑考虑乘坐其他交通工具了。你可以选择搭乘朋友的车、步行、慢跑、骑自行车、坐公交车、骑滑板车。但你必须想清楚，怎样才能准时到校。否则，就要星期六早上来我这儿补课，以弥补自己因迟到而错过的上课时间，周六我可不像平日里这么客气。”

“您保证自己能做到吗？”男孩急切地问道。

“如果你想试试，就尽管迟到。”

“那样真的是挺麻烦的。”男孩又说道。

“不，一点也不麻烦。”我回答道，“这样做合情合理。上课迟到会影响你的学习，我希望你成为一个优秀的学生。所以我打算全力以赴帮你改正这些不良行为，它们妨碍了你成为一个优秀的学生。你能解释一下自己所谓的‘麻烦’是什么吗？”

“我猜应该也不麻烦。”他回答道。

我又转向一直跟在我们身后，希望自己成为隐形人，小心翼翼的两个女孩。“你们两个是怎么回事？为什么也在那里？”

“我们想去卫生间。”其中一个女孩回答道。

我忽然想起了这两个女孩上个星期也是因为同样的理由被送去禁闭室。

“上课铃响之前没有时间去吗？还是课间你们只顾着和朋友抑或你们的

男朋友闲聊？”

两个女孩互相使了使眼色，然后就都盯着自己的鞋，一声不吭了。

“说说吧。”我说，“我不打算朝你们吼，我只想尽量帮你们解决这个问题。”

其中一个女孩咬了咬嘴唇，瞥了我一眼。另一个女孩拒绝和我进行任何的目光交流。

“我不打算把你们交到校长室，或者打电话叫你们父母来学校，又或者惩罚你们。我只是想帮助你们成为优秀的好学生。”

刚才瞥了我一眼的那个女孩扫了一眼男孩，“是私事。”她小声嘀咕着。

“好，你们先考虑考虑要不要跟我说，下课后过来找我。”

下课后，两个女孩过来跟我解释说，因为她们必须赶上6点半那班公共汽车，所以上学前只能匆匆吃点早饭。到了学校，两个人都想去卫生间，又等不及第一节课下课后再去。所以，她俩只能第一节课快上课了再去，并在上课铃响完之前迅速跑回教室。通常会耽误不到一分钟。

“如果坐公交车到校，那么第一节课铃响之前一定有足够的时间去卫生间。”我说道，“除非公交车晚点，但公交车不可能经常晚点，所以我并不相信你们的借口。但我真的想帮助你们，所以为什么不把真相告诉我呢？”

我靠着墙，双手交叉于胸前，一个典型的等别人回答的姿势。我突然想起最近读的一篇有关身体语言的文章。于是我不再倚着墙，而是采取和两个女孩一样的姿势，笔直地站着。我把全身的力量都调整到一条腿上，两只手背在后面，眼睛直视着地面。

我们三个人沉默了好长一段时间，其中年龄小一点的女孩说道，“好吧，我说，是因为一些高年级的女孩”。

“是的，这些女孩有的经常考试都不及格。”另一个女孩说道，“她们打扮得很成熟，而且很粗俗。”

“有时候她们会推搡别的女孩或者直接揪她们的头发。”年龄小的女孩说，“有时候她们还吸烟，还……”

那个高个子女孩轻轻地咳嗽了一声，她立刻不说了。“还，还做一些其他的事情。”

“哦，好吧。”我说道，“那为什么你们不去别的卫生间？”

“体育馆里的那些卫生间直到第一节课都锁着门，C区走廊的那些比你办公室旁边的那个还要差，有些孩子甚至在里面进行性些为。我绝不撒谎。”

很遗憾，我知道她没说谎。我告诉她们早上到校了就来这儿找我，我会护送她们去卫生间，直到我们找到其他的解决方法。

“如果我不在这儿，你们就去办公室，请副校长的助理派保安去检查卫生间。”

两个女孩看起来惊恐万分。“如果知道我俩告密，她们会杀了我们的。”

“我会跟校长助理说，确保她不提你们的名字，所以那些女孩永远不会知道是你俩告诉我的。”

她们还是半信半疑地看着我。

“相信我。”我安慰道，“永远都不会有人知道的。如果你们进了卫生间，看到那些女孩在那里，转身出来就行了。如果她们跟着你们一起出来了，你们就一边跑一边大声喊。”

两个女孩都咯咯地笑了起来。她们同意了我的计划。那天下午，我把这件事反映给学校保安，他经常在我教室的走廊周围巡逻。他说自己早上通常会特别注意公交车站点周围，因为那里出事最多。他决定和我一起去那个被坏女孩霸占的卫生间。虽然我们从未当场抓到她们做任何违法的事情，但接下来，一直潜伏在那个卫生间的那些女孩最终决定转移她们的阵地，把她们的社交沙龙搬到了别的地方，需要使用卫生间的女孩终于不必整日担惊受怕了。

假如我没有进行干预，着手调查这个情况，那两个女孩，或许还有其他很多学生，将继续因为迟到被送往禁闭中心，因为以她们目前的能力还解决不了类似的问题。以关学生禁闭这种方法惩罚迟到的学生，除了浪费学生自己的时间，还将直接导致上第一节课的老师精力的浪费，传送于禁闭中心和办公室之间的毫无意义的纸质文档的浪费，被关五次禁闭后的家长会议以及更为严重的惩罚。而且很有可能的是，那两个女孩将会因此而痛恨学校。

站在对方的角度想问题

假设有一天，你因为睡过了头而上班迟到了；忘了带你和同事本来计划要给一个很重要的客户展示用的PowerPoint演示文稿；你在工作上犯了一个极其严重的错误，和同事激烈地争吵起来；因为老板给你安排了一份卑微的工作而和他大声理论；在一个对你来说迫切需要的心理健康日里，却在高尔夫球场碰到了你的上司。

现在请你设想一下，当你无故迟到、丢三落四、乱发脾气或假装病休的第二天来上班时，领导让你去人力资源办公室，去了以后，要求你必须在空荡荡的会议室待上整整一个小时，或者待到下班后。你必须坐在空空如也的会议室里反省自己的过错，而你的同事们正在接受一场机会难得、将来一定物有所值的培训课程。而且，领导也不允许你补课学习课程培训内容。当你重返工作岗位时，领导可能会大体给你说一下大家培训的内容，却期望你能和其他参加培训的同事一样，高效完美地完成这个新布置的任务。如果你没有及时学会自己缺席时其他同事学到的技能，那你将面临着接受批评、降职，甚至解雇的风险。

或者，领导没有让你去会议室自我反省，而是让你回家待上一天，当然这天的工资你就别指望了。你错过了公司的课程培训，也没有接受任何形式的后续学习。然而，你的老板却指望你知道如何开展这项任务，而其他同事在你缺勤期间都已经学会了如何去做这项任务，如果希望老板给你涨工资或者升职的话，你该怎么办呢？

这些情景听起来毫无道理可言，不是吗？公司不想办法为你解决具体的问题，反过来你也不会为公司尽心尽责、全力以赴。这样做有可能促使你掸掉自己简历上的灰尘，转而去寻求另一份工作。

然而，跟这些行为如出一辙、荒谬至极的纠正不良行为的惩戒方法，在大多数公立学校却频频出现。尽管这些方法不合逻辑，屡屡失败，达不到预期目标，但绝大部分学校仍然延续着关学生禁闭或者校内停课之类的不同花样来惩戒犯错的学生。这些惩戒方法对纠正学生的不良行为一点效果也没有，而且一点也不人道。

教育工作者并不真的相信，因为受纪律处分而被关禁闭或者停课反省的学生，学习态度会有所改善，学生也不会真心希望自己表现得更好，学习上也不会有赶超其他同学的新动机，或者配合老师的强烈愿望。凡是学过心理学，甚至只学过其基本课程的人都会知道，通过把孩子关起来，或者对他们不理不睬的方式，企图改变他们的不良行为是极其荒谬可笑的。除了让他们停课反省，最重要的是，必须教会他们分析自己的行为，并找出是什么导致了他们的不良行为。必须要求他们学会对自己的行为负责，并教会他们以后如何做出更好的选择。关学生禁闭和停课反省，除了把学生从小组里开除，达不到任何预期的改善效果。

教育工作者采取关学生禁闭和让学生停课反省的方法惩罚学生，只是为了让自己的生活更省事而已。他们的主要目的是，把违纪的学生从自己班级里开除。他们根本不在乎学生为什么违反纪律，或者这样做是否会对孩子的学业产生不良的影响。如果关学生禁闭或者让学生停课反省的惩罚手段真的有效，那么通过改正学生的不良行为，学校的管理人员应该慢慢退出历史的舞台。但事实上正好相反，那些违纪的学生变本加厉，直到有一天，他们变得猖狂无比，根本不把学校放在眼里，学校对他们再也无计可施。到那个时候，学区不得不采取其他措施——送他们去非传统学校、危险青年项目中心、父母教育项目（parenting programs）、不良行为整顿班、少年法庭、同伴心理辅导中心以及采取导师辅导制度等。这些新的解决方法做的正是学校当初应该做的事情：努力找出学生发生某些不良行为的缘由，然后和学生一起慢慢想方设法改变这种不良行为。通过对症下药，代替关学生禁闭的惩罚手段，学校不仅可以节省大量的时间和精力，还会少却很多对学生的心痛惋惜之情。

我相信，如果我们能在五年级到九年级随时跟踪记录那些经常被关禁闭或停课反省的学生，就会发现他们跟在高中辍学或者发展成严重违纪的学生实际上是同一批。当一个学生因为上学迟到、上课说话、不配合老师、不能或不愿完成家庭作业和课堂作业而被送去禁闭室的时候，恶性循环就已经开始了。最有可能的结果是，这个学生可以接着读书，但他的阅读能力只能处于年级平均水平或者低于平均水平。现在他错过了自己根本弥补不了的、对他来说意义非凡的老师的讲解，不能参加课堂讨论，也不能做老师布置的作业，慢慢地他会远远地落在其他同学后面，再也赶不上其他同学。即使允许他补做错过的家庭作业，但他很可能不去补做，或者直接抄别人的，再或者敷衍了事，上交一份不尽如人意的作业。老师也在无形中倍感压力，想让学生尽快赶上班里其他同学（如果老师倾向于这么做，再和学生有点性格上的冲突，那么事情可能就不是这样简单的情况了）。学生会把老师逼他做作业的这种焦急烦躁的情绪理解为老师不喜欢他，继而选择逃避或者叛逆。如此一来，根本问题还是解决不了。学生感到害怕无助、生气愤怒，或者迷惑不解（也可能三种倾向兼而有之），他们就会选择破罐子破摔，不再学习因为被惩罚而错过的课程，或者决定从此报复老师，如此又必将导致自己被惩罚得更重。结果就是，学生考试分数很差，掌握不了将来继续升学需要的重要技能和知识。自然而然地，学生会想既然学校不在乎他们，他们也不必在乎学校的声誉了。

那么，直接解决导致学生被关禁闭的实际行为不是更有意义吗？

学校里出现的许多问题，其实主要根源在于，学生不愿做老师布置的作业，或者学生因为觉得作业过于简单没有任何挑战而感到无聊透顶。以我的经验来看，最差的行为来自读书最糟糕和读书最好的学生。缺乏学习动力、经常不愿配合老师的学生，老师应该让他们参加阅读能力诊断测试，以评估他们真实的阅读水平和阅读理解能力技巧。

几乎每个班里都有因阅读能力差而苦苦挣扎的学生。无论他们的智力水平如何，如果读不懂数学题目，理解不了数学题的要求，就做不好数学题。同样地，如果看不懂一个现象的解释说明，就掌握不了一个科学概念的定义。不像成年人，如果被安排做一件事情，准备不充分的话还可以有很多选择，学生几乎没有可行的选择。无论学生的智力水平有多高，他们都必须在特定的时间段里去上教学大纲里的必修课。有些学生因此感到不知所措。

阅读能力差的学生通常在二、三年级就开始跟不上班里其他同学了。每年他们都落后一点点；落后的越来越多，下一个学年开始时，他们已经没有多少信心赶超其他同学了。等他们上了初中，阅读能力差的学生就会认为自己天生愚笨、什么都学不会，心慵意懒，考试一定不及格。如果他们得不到及时的帮助，大多数学生会想办法逃离自己的班级，从而摆脱坐在教室里颜面扫地、尴尬无助却又不得不苦苦支撑到下课的苦难命运。他们更希望被送去校长办公室或者禁闭中心，因为在那里没有人会逼着自己大声朗读课文或者翻译一些晦涩难懂的课文。令人遗憾的是，比起那些接受特殊教育的孩子，这些所谓的“硬汉”却赢得了学校小伙伴们更多的尊重。让人悲哀无语的是，许多读书能力差的学生认为自己唯一的选择就是成为别人眼里的坏孩子或者“哑巴”。

这些在学习上苦苦挣扎的学生需要广泛的阅读补救计划（如果接受相应的指导，他们应该能获得学分）。他们应该定期参加暗视敏感度（见第9章）、感知差异以及学习风格等测试。如果我们不是一味地埋怨孩子，而能够花费更多的精力和金钱找出孩子不愿意读书的原因，并采取合适的方法教他们，相信效果会更好。

那些因为百无聊赖而在课堂上哗众取宠的学生，需要接受智力上的挑战，要么是在普通课堂上独立分配任务，要么去天才班或速成班学习知识。让他们给其他同学讲题可以激发他们的学习主动性，或者在学校图书馆采用自定义进度的电脑教学也可以。一些成熟稳重、自律性强的学生甚至可以不来学校上课，选择一些网络课程或者当地大学对外开放的课程班。

也许有人会提出异议，因为每个学校都使用固定的阅读能力测试，增加额外的阅读能力测试和指导会提高学校的办学成本。但我认为，如果把各种管理成本（转介学生、打电话给父母、给父母写信、特殊教育评估、个体教育计划、警察和社会志愿者服务代表、约谈家长、缓刑监督员和保释官）、大量的时间、精力，以及老师和管理人员消耗在严肃校规校纪上的书面材料都加起来的话，你就会发现，关学生禁闭的惩戒手段实际上使学校花费的成本更高。另外，还要加上中途辍学预防方案、高危青年计划以及其他不断上涨的费用。在学校教学生读书比在监狱里教他们价格更便宜、更人性化。

美国教育部和美国司法部的数据表明，70%的监狱犯人是功能性文盲（无法运用基础读写或计算能力应付日常生活的人），85%的少年犯患有读写能力障碍的问题。如果那些犯人小时候能够好好读书，他们或许就不会选择以身试法，最终锒铛入狱。

尊重对方

尽管我们不可能一一列出所有的不正当的行为举止，并规定每个问题的解决方法，但制定一种连贯有效的，且能解决大多数问题的惩戒方法，还是很有可能的。有些人天生是老师，他们似乎对维持课堂秩序信手拈来，即使在其他老师的课堂上调皮捣蛋的学生，在他面前也能老老实实、规规矩矩地听讲。如果我们以这些老师为榜样，那么就可以轻而易举地减少甚至消除很多纪律问题。

我自知不是世界上最好的老师，但对于世界上要求最苛刻的评论家——学生们来说，我的确是一位非常棒的老师。我发现自己总是很难清晰明确地表达我的课堂管理方法。或许心理学专业的教育背景和军队记者的生活经历都对我有所帮助。这些丰富的经历教会了我很多有关人性的特点以及领导的艺术。但我相信，最大的功臣是我的学生，是他们教会了我怎样去教学。在我最初踏入教学行业时，被安排去教一批大家公认教不好的高中新生。但一周之内，我就和那些学生建立了友好融洽的关系，以至于我们双方都喜欢来班里上课。当有人问我是如何做到这一点的时候，我耸了耸肩。

“很简单。”我会说，“你只要尊重他们，做一个认真的倾听者就可以了。”

当时，我并不理解为什么其他老师听完我的话后摇头叹气，就好像我故弄玄虚一样。当他们坚持说自己也很尊重学生时，我私下里感到很疑惑，他们为什么这么装模作样？而且，为什么他们教的学生跟我教的学生不一样？通过多年的观察、访谈和研究，我终于能够清晰明确地表达我的教学方法。

1. 我热爱自己的每一个学生，尽管有时候并不太喜欢他们的所作所为，但我能把学生作为独立的个体，并把他们本身和他们的行为区分开来。

2. 我坚信选择优质教学资料的重要性，也会把这种信念传递给我的学生。

3. 我坚信每个学生都有权利得到他人最基本的尊重，我会经常与他们敞开心扉、互相交流。

4. 我坚信成为一个独立的人比做一个学生重要得多。一个人可以通过努力提高自己的考试成绩，而自甘堕落将毁掉自己整个人生。

5. 我承认自己偶尔也会犯错。如果授课过程中出现了失误，我一定会当场向学生们道歉或者另寻机会弥补我的过错。

6. 想让学生举止文明，首先要以身作则，尤其在解决与学生之间的矛盾冲突时。

7. 我希望学生可以对自己所有的行为负责，绝对不允许我自己或者他人随便掺和其中。

8. 同学之间出现了矛盾，我会让他们自己决定如何解决然后优雅地退出。如果能在保全自己面子的情况下选择解决问题的方式，他们可能会表现得更好。

9. 我会对学生每天的文明举止表达我的感激之情，因为我真诚地欣赏他们的做法。

10. 如果有学生一直表现很好，我会打电话给他们的父母或者监护人，对他们致以诚挚的感谢。因为我深有体会，学生不会偶然间学会文明的举止，这其中必然凝聚着父母的心血。

* * *

踏入教室的那一瞬间，我眼里真的只有自己的学生。我把他们当作实实在在的、独立存在的个体。我会和每一个学生在课堂上进行无数次的目光交流。一般来说，我会最先扫视一下那些喜欢调皮捣蛋的学生，可能会持续一两秒的时间，但他们不会接收到更多的信息（因为学生会把它当为表现好的奖励）。我会注意他们的发型、化妆、衣着、假发、耳洞、相互之间的交流及拒绝交流，以及其他身体语言。我会特别警惕那些可能会招惹麻烦的身体语言，诸如怒目相视、呼吸急促、牙关咬紧、随意换位以及要求老师调整座位之类的细节。如果我怀疑两个或者更多学生可能会激怒对方，我会重新安排他们的座位，让他们不容易一抬头就看见对方。然后我会仔细观察他们的一言一行，搞清楚是哪个学生想挑事，那么他就是第一个我要谈话的人。

当要求某个学生换位时，我总是以请求而不是命令的口吻说出我的要求，“给你换位的目的是，让你成为一个优秀的学生。因为你现在的表现还不够好，我觉得换一下座位你会更优秀”。然后，静静地等待他们答复。如果他是一个经常受别人欺负的孩子，他会很高兴地按照老师的要求换位。如果这个学生争论说他/她不想换位，那我就说：“很好。如果你认为坐在这里照样可以很优秀，那么我会尊重你的决定。但如果我发现你扰乱课堂秩序，或者打扰别的同学学习，那么我就必须给你调位子，没有任何商量的余地。好吗？”

如果学生表示赞同，那么我会跟他/她握手，以表示我们已经达成一致协议，一言既出，驷马难追。如果学生对我伸出的手置之不理或者表示不同意，我会把我们的协议重申一遍。通常结果是学生表示赞同。如果还不同意，我会说：“我们出去吧，以便我们能私下里讨论这个问题。我不想给你写转介申请。我希望你对自己的行为及其导致的后果有选择的余地。”

多年来我一直使用这个策略，屡试不爽，现在我知道这叫“零刺激”。我的本意是把学生叫到教室外面，以便他/她能把思绪专注于自己的想法、感觉和行为上。几年前，我就知道，很多心理学家一致认为唯一可以有效纠正学生的不良行为的方法就是暂停，即切断学生与外界的所有联系，然后与之讨论他/她需要改正的具体的不良行为。

如果这个学生拒绝走出教室（当然这种情况几乎很少发生），那么我就不得不打电话给学校保安了，并请他们送学生到校长办公室，因为他执迷不悟，不愿好好配合我。我不想指责学生反抗或者蔑视我，我只是说他不能配合我。我想让学生处于无奈的情绪，不得不和校长解释当前发生的事情，因为我意识到，学生可能会对使他心烦意乱或者超出他能力范围的一些个人情况做出回应。

如果学生真的跟我走出教室来到走廊，我会等一两分钟以便两个人不再冲动，平静下来。我也必须确认其他学生是否都在认真写作业。如果学生似乎要开始小声说话，我就会大声问一句，“还有哪位同学想一起出来和我聊一聊”，大家立刻就会鸦雀无声、全神贯注于自己的作业。

一旦我和学生站在教室外面，我就会直视着学生的眼睛，等他/她看着我。个别学生胆子很小，不敢抬头看我。也有一些学生被教导过，跟一个大人对视是不尊重别人的表现。如果学生没有看我，我会说："请看着我的眼睛，我必须确保我们两个都能明白对方所说的话，除非让我看到你的眼睛，否则我保证不了。"

接着，我又说："请记住，我喜欢你，尽管有时候我并不赞成你的某些行为。你能告诉我发生什么事了吗？悄悄告诉我。"

如果他告诉我事情的来龙去脉，那么我们就会一起讨论可能的对策，我也会感谢他的诚实。接着，我会伸出手对他说："谢谢你对我实话实说。我很高兴我们没有求助于紧急帮助程序，把你送往校长办公室。那样做只会浪费我们每一个人的时间，却不能帮你成为一个优秀的学生。下次，如果你遇到了难题，不妨深吸一口气，闭上眼睛缓解一下自己的情绪，或者走出教室到走廊上，给自己一两分钟的时间让自己平静下来。如果需要帮助，只需告诉我一声，我会和你聊一聊。"

如果这个学生看起来不能或者不愿跟我说实话，我就会说："好吧，你自己考虑一下，几分钟以后我再过来。请待在这里，不要和经过的任何学生说话。如果你私自离开了，我别无选择，只能说你扰乱班级纪律，把你交到校长办公室，任由学校处置。"

然后我会回到教室。可能过一会儿我会出去看看什么情况。如果这个学生看起来似乎怒气冲冲或者咄咄逼人，我会让他/她在走廊上一直待到上课铃响，尽管我会时不时地查看一下，确保他/她还站在那里。然后，在上课铃响那一瞬间，我会打开门，并对学生说："谢谢你一直站在这里。对你来说，这是一个对自己负责的决定。我希望下次如果出现问题你可以找到一个更好的解决方法。如果你想和我谈谈，我愿意奉陪。"

如果这个学生看起来想开诚布公地跟我谈，我会首先扫视一下教室里的那些学生。确认他们都在认真地做功课，我才会走出教室，问他考虑得怎么样了。我不会去指责他，只会认真地问几个问题：今天你觉得不开心或者感到生气吗？你饿了么？你觉得功课对你而言，是太难还是太简单？有人骚扰你吗？是不是我做了什么事冒犯到了你？你对父母发脾气了吗？我不断地提问题，直到我无意中找到正确答案，或者他亲口告诉我。有时候他们需要一段时间考虑才能知道到底是什么原因让自己困扰生气。对于很多年轻人来说，生活很艰难。很多人会害怕，如果谈论自己的烦恼和忧愁，会忍不住哭泣。所以他们经常会装作无所谓的样子，耸耸肩膀，自称自己也不知道哪里不对劲。只要他们能够学会控制自己的冲动行为，我通常会允许他们保留自己的隐私。

与那些报名参加大学课程学习的高危青少年（中学里幸存下来的高危青少年）和成人打了多年交道以后，我开始相信，每一种不良行为背后都有其原因。我们不期望能一劳永逸地改变这种行为，除非我们找出事情发生的真正原因。所以作为老师，我采取的第一个措施是找出这个原因。通常这个过程会让人出乎意料、引人注目，以至于学生会忘记自己应该表现得令人讨厌、防御对方以及攻击别人。在他们的防线被攻破的那一刻，我就会用满满的爱和尊重包围他们，没人能抵御得了我的“进攻”。

第6章

Chapter 6

帮助孩子达成目标的实战教学法

十岁时，我曾经给几个最喜欢的作家写过信，但所有的信犹如石沉大海，没有回音。从那时起，我就发誓，如果将来有一天，我成了一名可以出版书的作家，我一定会给每一位给我写信的读者回信（我从未想过，自己可能会一个读者也没有，因为我五年级的老师霍贾克曾经告诉我，她坚信我长大后一定能出书）。

对我来说，给读者回信从来都不是一件苦差事，相反地，我一直引以为豪。我珍惜每一封读者来信，他们读了我的书并迫不及待地给我写信——向我请教问题，谈谈他们最可亲可敬的老师，吐槽一下在教育系统工作的种种经历，有时候仅仅是想跟某个人分享一下自己的思想情感，他们觉得这个人可以认真倾听自己的故事并关心他们。

在这一章，我会谈一谈跟父母、教师以及准教师们有关的一些问题。其中，某些问题的答复很长，但我坚信凡是能认认真真提出一个严肃的问题的人都值得对方给予深思熟虑的答复。

当我浏览着那一堆信件和邮件，想从中找一个典型案例时，我突然意识到他们几乎还原了许多学校的情景，几乎所有老师的信里都流露出对学生管理或者违纪学生的忧虑。还有几百个孩子也给我写了信，但他们的问题不约而同地集中在个人情感或者私人问题上。老师完全可以从孩子的来信里找到一些蛛丝马迹，然后把更多的精力集中在改变与孩子交流的方式上面。不是老师对学生漠不关心，而是与学生相处的时间太少，以至于大部分老师不得不放弃与学生进行个人的情感交流，而是集中精力，把所有的心思都放在学生的学业上。当然，学业指导是任何一所学校赖以生存的根基，事情本该如此，但在我们能够有效地进行指导之前，必须解决会使孩子遭受伤害的情感和个人问题。孩子们不是只带着大脑来学校的，他们还带着自己弱小的身体、丰富的感情，以及自由的灵魂，所有这些都需要教育工作者细心地呵护。如果我们想让孩子们来学校学习，那么让孩子们享受学习的快乐，至少是没有痛苦的学习，是每个老师义不容辞的责任。

我自己管理学生的方法和大部分教师培训项目建议的教科书式的方法正好背道而驰。教师培训项目常常会建议新教师“直到元旦前，不要轻易对学生微笑”，以期严肃、不苟言笑的做法将会激励学生遵纪守法、尊重老师并老老实实地待在学校里认真学习。而我对新教师的建议是，抓住每一次可以对学生展示你甜美笑容的机会，特别是在开学第一天。任何年龄段的孩子都更容易接纳喜欢他们的老师。笑容可掬并不意味着新教师软弱无能。孩子们懂得二者的区别。这一点，我们大人需要谨记在心。

问题： 我参加了教师培训班并多次获得A的好成绩。我的专业指导老师说我设计的课程计划堪称完美，因此我觉得自己已经做好教学的准备了。

但当我走进教室时，我发现除了上课，我解决不了其他任何的文书工作，也不知道该如何去管理一个班级。每天在学校里，面对学生和教学，真的不堪重负，最后不得不把未做完的工作带回家继续做，经常会忙到半夜。即使教的是小学生，我也怕与他们对视。我怕他们会因此嘲笑我软弱无能或者讽刺贬低我，说我不够优秀。过了一段时间，我就放弃教学了，因为我越来越清晰地认识到，这样的生活并不是自己想要的。你是不是觉得我太天真了？还是说所有坚信自己能成为一名优秀教师的人，都普遍经历过类似的事情？

答复： 我觉得，你的问题涉及了教师培训计划中一些最严重的失败案例。许多学院和大学最近都修订了自己的教师培训计划，增加了一些培训项目，侧重于课堂管理和学校纪律，因此，可能会有少数老师和你一样进退维谷。但是，我并不认为你的处境不同寻常。相反，调查数据表明，大多数放弃教学这个职业的老师是在踏入教学行业头五年里选择放弃的，放弃的原因恰恰是你信中提到过的。他们能够设计出完美的教学计划，学习所有最新的教学理论，却对付不了真实生活中的学生，这些学生会挑战他们的权威，甚至看都不看一眼那些完美无缺的教学计划和教学内容。

教学活动所涉及的远不止于被教和想教孩子这么简单，而是包含了许多心理学、领导学以及实际管理学的知识，还有如何鞭策那些不愿学习的学生的知识。人人都可以学会那些培训技巧，但他们需要实践经验，并在真实的教学环境中学以致用。我认为，教师培训至少要持续一整年，直到第二年的教师培训活动开始为止，如此一来，教学候选人才会对自己是否真的适合从事教学工作有更直观更好的想法。

问题： 我一直跟学生的父母保持着良好的关系，直到今年，我似乎无法和这些孩子的父母沟通。许多父母甚至不愿留电话号码给我，以便我在孩子出现任何问题时能够及时联系到他们。写信给他们，他们也会置之不理。孩子们知道我很伤心，现在他们对这件事情也感到很难过。我应该就此放弃还是继续联系他们？

答复： 我花了整整七年的时间教一些孩子，他们的父母和监护人跟你试图联系但徒劳无益的那些父母一样。经过了上百次的家长会议和访谈，我渐渐明白了很多父母不愿跟学校老师合作的许多理由。下面列举了其中一些可能的原因。

1. 因为某些原因，这些父母本身在校期间的学习经历就惨不忍睹——或许是因为家庭原因，或许是某个老师曾经羞辱过他们，又或许是他们本身就有某种原因导致的学习障碍——所以他们一提起学校就头疼，想方设法远离学校的一切。

2. 他们不会拼写或者读写能力不好，所以每当写信给你或者和你谈话都会觉得尴尬无比。

3. 他们觉得自己肯定会因为孩子学习或者举止不文明等问题受老师的批评责备。即便他们可以负责，也不想因此被老师教训或者羞辱。

4. 他们说不好英语，并为自己的语法或者发音感到羞愧难当。

5. 他们贫穷无助、疲惫不堪、劳累过度、滥用药物，或者有其他任何让他们措手不及、感到筋疲力尽的事情。

6. 他们真的是无人疼爱的可怜的父母。

我最成功的做法是，单独打电话给学生的父母或者监护人，做一下自我介绍，把自己的电话号码告诉他们，邀请他们有时间到教室里参观一下。如果父母没有车，我会尽可能选择他们社区附近的某个地方和他们见面（例如小区的图书馆），只是简单聊一聊，这样他们就会明白我是真的想帮他们，而不是埋怨责怪他们。

如果我不知道他们的电话号码，我会去家访，放学后和孩子一起回家，这样的话，孩子就会带我去他们家，他们的邻居也会明白我是一个受欢迎的拜访者，而不是某种意义上的检查员或爱管闲事的人。如果家访也联系不上孩子的父母或者监护人，我就会让孩子介绍给我一位他身边的年纪稍长一点的人，这个人或许愿意和我谈谈孩子的情况，例如孩子的邻居、姑姑、祖母、姐姐或者哥哥。然后我会让孩子给那个人带张便条，让他打个电话给我或者来参观一下我的教室。

有些父母永远也联系不上，遇到这种情况时，我会尽量找一个指导老师或者顾问，又或者别的什么人来指导这个孩子。教学助理或行政秘书一般都虚怀若谷，可以挽救一个个流落人间的“小精灵”。通常情况下，公交车司机和他们开车护送的孩子之间关系也都比较融洽。一个公交车司机告诉我，她经常要求看看孩子们的成绩单，一些孩子说她是唯一一个看过自己成绩单的大人。

对我而言，另一个比较奏效的方法是，在校外开一次家长会，地址可以选在社区中心、图书馆，或者教堂地下室。许多家长觉得在他们自己的地盘上谈话更舒服一些，而当他们慢慢意识到我愿意和他们相处后，很多家长就会抛弃以前那种消极不合作的态度。

祝你好运。那些孩子有你这样的人当他们的老师，是非常幸运的。很多孩子在自己的余生里会永远记得你，即使他们现在还意识不到这一点。

问题：我现在已经智穷才尽了。我有三个孩子在上学，他们做的所有的事情就是考试。我尝试着和老师们谈谈这个问题，但他们说学校对此无能为力。他们不得不用自己所有的时间教孩子们学会如何考试。我的女儿以前特别喜欢去学校，但现在她痛恨去那里。我一直在犹豫要不要选择自己教她，问题是我又不知道从哪里可以获得教学资料，而且我并不确定我有足够的信心教会她。但我愿意尝试，因为总比眼睁睁看着她失败的好，毕竟她恨学校。你认为我应该自己教她吗？如果可以的话，我该从哪里得到相关的教学信息或者帮助？

答复：我完全理解你进退两难的处境，真的特别同情你。这也是为什么我现在不在公立学校教书的确切原因：我不想让自己花费太多的时间，仅仅教会孩子如何应付标准化考试。我觉得肯定有更好的方法来确保孩子们把知识都学会了。至于你是否能够在家庭教学上成功取决于很多因素。第一，你的女儿是否愿意在家里上学？如果一个孩子不想去学校学习，那么在家教她应该也不太简单。第二，有没有其他的成年人愿意为你提供良好的网络支持服务，或许当你遇到自己可能也没搞明白的科目时，他们能够提供详细准确的教学？例如高等数学、生物或者物理。第三，你住的社区里是不是经常有社会或者公益机构组织的活动，这样，你的女儿也可以有机会跟其他孩子一起玩耍？

我并不是一个家庭教学方面的专家，但我相信，大多数学区会给在家里自己教孩子的父母提供某种州或者学区的课程教学大纲，当然，除非你提出要求，否则他们不会把相关资料主动给你。如果他们没有或者不给你，那你可以联系自己所在州的教育部门，最终可以找到你在家教学的准确需求。当然，你也可以在网上搜索到为家庭教学的父母提供支持的网站。如果你对计算机不是很精通，那么可以寻求当地图书管理员的帮助。

＊ ＊ ＊

我经常会问一问学生，有没有任何一个学生觉得我的规定不合情理。事实上，从来没有一个学生觉得我过分。即使对我有很大偏见的学生也明白，我们所有人都想保住自己的尊严。如果教师要求学生举止文明，表现出很有自尊心的样子，那么教师的要求最终会变成现实，学生真的会温文儒雅，举止大方。学生们多次告诉我，其实他们并不喜欢别人允许自己想做什么就做什么，毫不顾忌别人的那种感觉。孩子们欣赏对他们的行为要求严格的大人。他们也提醒我，大人和孩子一样，也要遵守规则。

问题： 你的一本书里提到你取消了学生的考试，没有考试你是怎样给学生打分的？

答复： 我多么希望自己真的可以取消考试啊！至少取消那些标准模式的判断正误题、搭配题、填空题，以及任何可以用某些仪器来评分的考试形式。那种形式的考试侧重于考查学生的低级思维技巧，要求更多的死记硬背，而不是识记能力，但评分过程却很简单，如果你仅仅想在自己的学生名单上填上一些分数的话，这是最简单的做法了。我相信，有些考试的确可以对学生的学习情况进行比较准确的评估，但那种考试需要花费老师大量的时间和精力去设计考试题型、出好试卷并在学生考试后进行批改。

＊ ＊ ＊

我相信一份好的试卷可以如实检测到两个方面的能力：学生学习能力和老师教学能力。如果学生没有掌握好某一概念，那么老师和他们一样都难辞其咎。如果学生考试分数不太理想，那就表明老师的课程安排和教学风格还需做适当的调整。如果班级里出现了很多低分，那就表明老师教的学生整体上都需要补课，以赶上年级平均水平（如果真的出现那种情况，班里为数不多不需要补课的学生，可以选择独立完成写作或图书馆研究项目以获得额外学分）。

我并不主张学校应完全摒弃考试的形式，因为我在公立学校任教过，那里要求学生必须参加考试。但因为太多学习不好的学生害怕考试，以至于他们会私自涂改自己的考试分数。通常我会把考试当作一次复习或者实践考试，并把分数当作一次测试分数。我会让每个学生自愿选择保留实践考试的分数还是“真正考试”的分数，通常他们会选择更高的那个分数。对于实践考试和真正的考试都不及格的学生（这种情况通常很少发生），我会给他们布置一些额外作业，然后让他们重考（当然不是同一份试卷）。许多学生患有考试焦虑症，一旦他们知道自己不会因为考试不及格而受处罚，考试分数也不是一成不变的，通常情况下，他们就不会心浮气躁地去考试，反而成绩会更好一些。

我相信大多数考试的问题都是由于过于强调其重要性所致。偏题、怪题、模棱两可的题目，或者设计得很难的题目，不一定能对学生所学知识、掌握技能或者因此付出的努力进行如实的评估。老师必须谨小慎微地设计出能真正评估学生各方面能力的试卷，这真不是件简单的事情。

尽管试题设计者很努力地去提高测试所要求的批判思维，例如文学分析。但标准化考试本身就存在一个最基本的问题：试题通常被设计成易于快速评分的形式。因此只能初步测试出低级思维技能，然而最高级别的思维能力，仅仅依靠多项选择、正误判断、小短文或者填空的答案实际上是测试不出来的。

如果真想测试出学生的学业技能和知识，我们需要类似于硕士和博士入学考试那样的测试。学生应该可以基于自己的调查报告和研究，写出实实在在的材料；应该可以胸有成竹地口头陈述自己的观点，并当场对专业答辩委员会的老师提出的问题进行答辩；也应该可以完成涵盖数年学习的综合测试。如果我们强行制定这样的考试制度，一些学生肯定会考试不及格。与他们的大学同学一样，那些考试不及格的学生在重新考试之前会被勒令重修此门课程。但我们不能那么要求小学和中学的学生，倒不是因为他们学不会那些知识和技能，而是因为我们的现行教育制度目标就是把学生送到学校，几年后再让他们离开，不管他们学得好还是不好。

问题：你觉得对于那些没有上进心的学生，最好的激励方法是什么？

答复：如果我的学生讨厌学校，我会想方设法找到他讨厌学校的真正原因。我可能会在课前或者课后找学生聊一聊，或者通过他的日记进行交流，直到我搞清楚他为什么那么讨厌学校为止。事出必有因。只有找到一个孩子做出某种不良行为的根本原因，我们才能够对症下药，帮他们改正具体的缺点。

* * *

我解决此类问题最成功的技巧是，每一学年开学时，我就对班里所有的学生实行所谓的“大赦”。我告诉学生，不管他们去年、上个星期，或者我遇见他们的前一分钟到底表现如何，我在乎的是以后他们在我的班级里表现如何。如果学生想要在我的课上考及格，那么我会尽力帮助他们。每次我在班里宣布“大赦”决定后，都至少会有一个学生在课后拦住我，问我说的是不是“真的”。他们似乎既希望自己从此洗心革面、好好学习，但又怀疑怎么会有如此好事。

大多数拒绝尝试的孩子是因为他们不相信自己考试会及格，或者他们故意考试不及格，例如试图惩罚自己的父母或希望可以通过自己的不良行为更换不喜欢的监护人。许多学生真的相信自己正走向监狱、贫穷或者早逝的道路，所以他们看不到自己应该在学校努力学习的理由。我会努力去改变这些学生对自己过于偏执悲观的想法。我告诉学生我已经看到了他们的才华和智慧，如果他们好好配合我而不是和我作对，我会帮助他们逐渐提高自己的各项技能。我为他们做了逻辑性很强的假设分析，如果痛恨学校，那么赶紧通过学校的课程考试并离开学校似乎更加合乎常理，而不是一直拖到下一个学期或者第二年。

以我的经验来看，阅读理解能力不好是大多数学生出现问题的根源。一些聪明的孩子能把阅读能力问题一直拖到八年级，但上了高中以后，他们就看不懂教科书了，特别是数学和科学。而且高中之前的学习材料比较简单，他们还可以通过上课来记住老师讲的内容，以此达到对教科书的理解，高中之后，他们也记不住老师上课讲的任何内容了。所以，许多孩子上课就会调皮捣乱、扰乱课堂秩序，只是为了能够逃离这个教室，因为在这里他们感到羞愧难当、战战兢兢。许多孩子最终会沦落到禁闭中心，或者其他专门为调皮捣蛋的孩子设立的项目中心。

今年早些时候，我和学生解释，为什么我坚信阅读可以让一个学生功成名就，也可以让他一事无成。我特别强调阅读是一门技能，没有一个人可以不练习、不实践就达到至臻至善，任何人都需要通过不断的努力才能达到熟能生巧。篮球运动员、歌唱家、赛车手、美学家——这些人无一例外，都需通过不断的练习实践才能逐渐提高他/她的技能。我要求他们如实评价自己，为了成为一名优秀的读者付出了多少努力。然后我要求他们试着去读三个月的书。我们一起制作了日历，读一天就在日历上划掉一天。我向他们承诺自己将和他们一起完成这项工作，帮他们找到不愿读书的原因，并尽我所能提供必要的帮助，以便他们可以逐步提高自己的阅读技能。大多数学生愿意尝试并照做，但个别学生一直以来太讨厌读书，以至于他们根本不相信自己可以做到。我时常鼓励那些学生，但并不强迫他们去读书。最终结果是，当他们看到自己的同学正努力拼搏，不断提升自己的阅读能力时，他们中的大部分人也都围坐了过来，选择跟大家一起读书。

出人意料的是，许多阅读理解能力非常差的学生慢慢变成了优秀的读者。他们大声流利地朗读着课文，其中一个男孩跟我解释，“这些文字就像一盏盏霓虹灯一样。当我朗读课文时，我可以清晰地看到这些词语，但是当我读完时，它们就从我的大脑中消失得无影无踪了”。

令人遗憾的是，那些阅读能力差的学生中，许多人坚持认为自己需要一整年的时间，才能使自己的阅读能力再提高一个档次。这些学生需要弄明白的是，如果老师愿意跟他们一起找出阅读能力差的具体原因，他们可能用不了几周或者几个月就可以赶上其他同学。我提醒阅读能力差的学生理解老师的良苦用心，在他们打算放弃之前尝试一下不同的策略。要求他们每天每堂课至少默读十分钟。我会带他们大声朗读，也会和他们讨论暗视敏感度的问题（见第9章），并为他们提供透明的彩色叠片放在自己的阅读材料上。我会和他们一起做阅读理解作业，与他们分享自己的想法，并提供正确答案以供参考，以作为他们努力的动力。我还让他们评价我的作业并给出分数。

如果一个学生不愿大声朗读，我从不会因为任何理由迫使他/她大声朗读。我想或许那正是学生为什么会逃课，为什么讨厌读书的一个主要原因。许多老师不经意间已经让某些学生认为读书是一种羞愧难当的经历。

与之相反的是，我们应该让读书成为一种兴奋无比的挑战。那是我们首要的工作。优秀的读者也是卓越的思考者，卓越的思考者可以通过任何学科的考试。

问题：你是如何让自己的学生觉得他们并不是什么高危青年并努力赶超别人的?

答复：首先，我告诉学生我不喜欢“高危”这个词语，因为它根本不能准确描述学生的情况。当今社会上所有的孩子都面临不同的危险。一个男孩告诉我说，当听到自己被描述成高危青年时，他感到人们好像在说他是一个不可救药的失败者。我喜欢用“不再抱有任何幻想的学生”这个词语，因为这类学生通常已经放弃了自己的学业。他们或许厌倦了失败，或许厌倦了和不懂他们学习方式的老师争执，或许感到被同龄人所排斥，或许对自己艰难的个人生活感到很生气，或许他们在某一时刻觉得努力学习没有任何回报。不管学生因为什么理由放弃自己的学业，我坚信，声称自己根本不在乎这些的孩子实际上对此十分在意。但为了使自己不再感到难过和尴尬，他们已经学会了在大家面前表现出若无其事的样子。

* * *

帮助这些不再抱有任何幻想的学生，关键在于把这些孩子从学校分离出来，把他们当作一个正常人对待，而不仅仅是一个学生。我观察研究了好多孩子，直到我发现了他们身上的一些内在力量或者技能——每个人至少拥有一样。我开始表扬学生的锲而不舍、热情洋溢、时尚禀赋、艺术才能、音乐天赋，以及让他们表现特殊的任何一个方面。我告诉他们我是怎样看待他们的。通过观察孩子不同于别人的形象并与之交流，通常能改变孩子对他/她自己的印象；孩子不再继续认为自己是一个失败者或者他们之前认为的任何一种消极的形象。

一旦我和学生建立起融洽的关系，我就很容易发现这个学生的兴趣与爱好，并且我会指出写一首歌、举起一副10磅的杠铃、学会开车，或者懂得如何照顾一个乌龟中的哪一项是这个学生已经成功掌握的技能。然后，我鼓励他们挑战自己的学业，并且保证自己一定会帮助他们。我通常从一些小的但并不简单的事情（学会5个大学水平的词汇或者5个拼写较为复杂的单词）开始，以便使他们体验到完成既定目标带来的真实的成功的感觉。每一次成功都会增强他们的自信。

我与学生讨论的一件比较重要的事情是：分数不重要。只有在特定的语境下分数才重要。众所周知，一个考试获得很多A的人可能也不太讨人喜欢，或者在别的领域并不很成功。实际上，一些考试获得A的人后来也经历了失败，因为他们的品格很糟糕。但我们也知道一些考试只能获得D和F的人，在其他领域中却是功成名就，他们温文尔雅、才华横溢，他们是获得F的成功人士。我的观点是，做一个能够努力提高自己各方面成绩的人，比做一个只想获得学术荣誉、并为此不择手段的人好得多。如果可以的话，我会选择一个考试分数不高却活泼可爱的人做我的学生，而不是一个有着令人讨厌性格的超级成功者。许多学生说他们的老师对待成绩好的学生比对待考试成绩一般或者很差的学生好得多。如果因为我们这样做而致使学生们过于注重成绩，以至于为了获得高分而宁愿撒谎或作弊的话，那我们这些做老师的真是羞愧难当。

问题： 教学很累。你是如何避免使自己筋疲力尽的？

答复： 我没有这种感觉。当一些老教师警告我，我需要克制，保留自己的精力，让事情顺其自然时，我没有听他们的。我一直先行一步，下决心拯救我遇到的每一个孩子。当然，他们说得对。教了5年母语非英语和高危青少年以后，我突然感到自己筋疲力尽了。有一天醒来后，我发现自己起不了床了。所以我休息了一段时间，回研究院待了一年。然后又去教了一年高危青少年。又休息了几年，然后又试着去一所高中教学，教了一个学期。

* * *

我上次教高中的时候，突然意识到不是学生耗尽了我的能量，而是学校的管理让我疲惫不堪（我知道优秀管理者肯定存在，因为我就曾经为为数不多的这么几个人工作过，但太多人成了官僚主义膨胀的一部分，这种趋势正死死遏制着我们学校的发展）。我不能简简单单地只教孩子学好如何考试。我认为，当前社会对考试的痴迷大错特错，这毫无意义可言，而且是对金钱、天赋、时间以及精力的极大浪费。我相信，当我们的孩子走向社会后发现他们要面对的是一个要求他们必须掌握分析、评估、综合、思考技能的世界，而不仅仅是想出“正确”的答案就可以时，他们将承受巨大的痛苦。

我希望能颁布一条法令，要求每一位教了5年课的老师，整整一个学期都不能给学生上课。这样他们才可以负责设计课程计划、提供职业发展培训、指导新教师、协调学生活动以及俱乐部活动，做一些不涉及日常课程教案、测试以及评分的工作。即使不想休息的老师（我不会想要这种老师的）也会被要求离开课堂。有的老师可能会决定再也不回去上课，但大多数老师会迫不及待地想返回课堂，并且会表现得更好。

问题：如果你只能做一件事来改善学校的管理，你会选择做什么？

回复：如果我只能做一件事，我会选择减少班级规模。学前教育、幼儿园以及小学一年级，一个班最多15名学生。二年级至十二年级，每个班至多20名学生。

为什么呢？因为在每一小时的教学中，老师可以给每个孩子至少一两分钟的特别关注。那并非不近人情的期望。然而，以目前的班级学生人数来看，这样做几乎是不可能的。

孩子们的发育程度不尽相同，每个孩子都有自己的成长时钟。期望一个老师能同时教会30个孩子读书是不合情理的。对于一个做事高效、精力充沛的教师来说极有可能，但并不能就此认为这种情况合理或者可以接受。

发自肺腑地说，要想做到教学优秀是令人筋疲力尽的，即使是教那些举止文明、积极主动的孩子。教室里每多出一个学生都要消耗老师大量的体力、脑力和情感能量。如果我们真的重视教育，那么我们必须重视和尊重我们的教师。

附言：对于任何认为教学很容易的人，我提出以下挑战。在你当地的学校里代替全职教师给学生上一个月的课，并记录下自己用了哪些技术和方法使教学变成一件轻而易举的事情，然后发表那些随堂笔记。我想，数以百万计的教育工作者一定会对这些笔记爱不释手的。

第7章

Chapter 7

不要随便给学生贴标签

我们现在处于一个疯狂的标签社会，没有人是正常的了。和父母、老师争执的孩子不再是简简单单的固执，执迷于争论的那些年轻人都患上了违抗权威症。人们怀疑那些更喜欢他们自己头脑中的刺激想法的书虫和梦想家们将来有患上自闭症、阿斯伯格综合征、环境依赖症，或者其他一些病症（心绪紊乱、不良癖好）的危险。我们曾经认为极度精力旺盛的孩子被诊断出患有注意缺陷障碍（ADD，极度活跃或者沉默不语）。在我看来，给孩子们贴标签已经成为一件严重的大事，一件危机重重的大事情。

是的，有些孩子确实精神错乱、发育迟缓、情绪不稳，或者与同龄人差别迥异，以至于需要他人帮助才能在学校里正常学习。但这些孩子人数不多，需要得到特殊教育或者特殊儿童中心的充分注意（以及所有的财政资源的支持）。那些政治立场明确，旨在帮助有学习障碍的儿童的项目也应特别关注这些孩子。但因为政府资助和其他资助来源都和标签有关，学校会倾向于找到更多类似的孩子并加以标示，这样的话，学校就可以名正言顺地申请更多的财政资助了。令人悲哀的是，许多学校把孩子标示为问题孩子，这样他们就可以以这些孩子的名义获得政府或者社会各界人士的经济资助了。而正常孩子很难获得经济资助，所以现在，据说我们有上百万表现过于特殊，以至于远远低于或者高于正常标准的孩子。

我的大部分高中学生是带着所谓特殊孩子的标签进入了我的班级的。我教的班有速成班、普通班、荣誉班、高危青年班、文化补习班、有限英语熟练班、英语非母语熟练班，以及行为障碍班。除此之外，班里的学生又被继续贴上了发育迟缓、学习障碍、情绪不稳、注意缺陷障碍、违抗权威症等标签。即使标签明显和孩子的表现不符，但要想取消这些标签也是寸步难行，几乎不可能成功的。而对孩子而言，这些标签将是他们心中永远的痛。

那些孩子让我对现有标签的有效性小心谨慎，甚至担心接受新来的学生。学生一旦被贴上特殊孩子的标签，以后就很难摘掉这种教育标签了，正如我们买的那些水果和蔬菜一样，贴着令人崩溃的标签，如果用力擦洗，就会损失破坏产品，最终只能切掉贴有标签的那部分。

依我之见，或许证明标签滑稽可笑的最有说服力的例子，就是一个叫叙泽特的15岁女孩，她在一所高中申请了高危青年项目，我是那个团队的四名教师之一，我们的任务是对这些青少年做最大限度的干预治疗，否则他们可能都毕不了业。叙泽特一直是一个需要特殊教育的学生，她被诊断出患有学习障碍。但她从不旷课，学习态度端正积极，标准化考试分数迄今为止从未低于班级平均分。但她的标签却写着“她跟不上普通班级课程学习的进度”。

“我真的很想参加这个培训项目。”叙泽特在访谈期间说，“我知道自己考试可以及格，我一定会努力学习的。”

因为她卓越的语言技能、想成功的明确愿望、出人意料的自信（一般来说，被别人认定考试不会及格的学生会选择放弃尝试），所以我们同意她参与到我们的项目中来，尽管她的父母和一些特殊教育老师对此持有保留态度。在我们的项目活动期间，叙泽特完美履行了自己的承诺。她从未旷过一节课，从未漏写过一次作业，也从未想过放弃。在项目第一年结束时，与高危青少年项目有关的四门课程（英语、历史、数学，以及计算机应用）中，她的平均成绩一直稳居B。她的成功表现让我们兴奋无比，团队老师们都期待着和叙泽特的妈妈见面，她的妈妈是在我们寄出第三季度的测评报告后，答应与我们见面的。

“我和叙泽特的爸爸都非常感激你们为她付出的艰辛努力，”叙泽特的妈妈说道，“但我们不希望你们仅仅因为欣赏她而给她很高的分数。”

惊诧于叙泽特的妈妈可能误认为我们奖励了叙泽特名不副实的分数，我们向她解释了她的女儿在每一门课程获得的每一项分数。她比其他的一些孩子付出三倍的努力，她真的做到了。

“但她是不可能做到的。”叙泽特的妈妈坚持自己的观点，“她是一个需要特殊教育的孩子啊。”

“我们知道这件事情。”我回答道，“但叙泽特一直都很认真地做课堂作业和家庭作业。而且她和其他学生一样通过了同一场考试。”

“我不太明白这怎么可能。”叙泽特的妈妈坚持道，“你们一定对她很失望，所以才让她相信自己可以做很多事情，一旦离开这个项目，她可能永远都做不到这些事。”

再多的证据也无法改变叙泽特妈妈对女儿的印象。多年的专家诊断不断地加深并巩固了她的观点，即叙泽特没有能力在正常班级里学习。

我们团队的成员坚持认为叙泽特可以像正常孩子一样学习，而且她也向大家证明了自己能跟上其他同伴的学习进度。但叙泽特的父母并不认同我们出示的证据，包括她的家庭作业、课堂表现、测试成绩、她写的作文等。他们坚持自己的观点，认为我们仅仅是因为喜欢和同情叙泽特才给她打出很高的分数。当他们提出叙泽特到年底就要退出我们这个项目时，大家都感到非常沮丧。无论我们说什么，他们都固执己见，坚持自己的观点。事实上，正是由于我们据理力争，想证明叙泽特不是所谓的"特殊学生"，他们最终不仅让叙泽特退出了这个项目，还让她转学了。

我特别理解叙泽特的父母，他们认为自己在做对女儿最有利的事情。但那也阻止不了我连续两个晚上失眠，一直思考着有关叙泽特的事情。即使她已经退学，我偶尔还是会想起她并希望已经说服了她的父母给她一次机会。

叙泽特离开我们的项目三年后，有一天，放学铃响了以后，她来到学校，走进我的教室。她慢慢走向我，朝我伸出了手。

"我不确定您是否还记得我。"她说，"我是叙泽特，在你们的项目待过一年。"

"我当然记得你。"我高兴地说道。她长高了，比以前更加冷静自信，但她的笑容和魅力没有变。

"我这次来，只是想告诉您，我刚刚上完大学一年级。"叙泽特说道，"我将来要当一名专门教特殊孩子的老师，这样就没人再可以误导他们，让他们觉得自己无法做到本来能做到的事情。"

* * *

叙泽特和其他许多学生都坚持认为自己没有患上注意缺陷障碍，而且他们在班里的表现也证明了自己是对的。从那以后，我开始小心谨慎地对待那些贴有各种标签的孩子，唯恐出现任何差错，误人子弟。当学区顾问或者管理者告诉我哪个学生反应迟钝、执迷不悟、肆无忌惮、心怀敌意、冷漠无情、有反社会倾向，或者任何一个特殊学生的标签时，我都会额外花一点时间，彻底弄明白这个学生到底是怎么回事，然后才慢慢形成自己的观点。的确，偶尔有一两个真正让人头疼的学生，但那都是些特例。大多数情况下，如果有学生做出了常人接受不了的怪诞行为，十有八九有其合乎逻辑的理由。当然，他们自己不会对此进行解释，因为没人会听他们的解释，或者根本没有人问过。

例如，科迪·哈登，据说是一个目中无人、无可救药、沉默寡言的孩子。或者像学区顾问晚上敲开我的门小声告诉我的那样，我的同事，一位新来的英语老师，不想让科迪继续留在她的班级，所以学校要把他送去禁闭中心，除非我答应让他来我这个已经人满为患的班级。我问她能否让我先见见这个孩子。

“他就站在你门外。”学区顾问回答道，“但他可能不会和你说话。”

我对她表示感谢，并问她是否介意让我和科迪单独谈谈。她苦笑着摇了摇头，叹了口气，但最终同意在走廊尽头等我们。

科迪是一个很高的男孩子，几乎有1米8了。他皮肤白皙，有一双明亮的蓝眼睛，甚至明亮得有点过分。后来我才知道，这是因为他被迫服用的一种药导致的后果。我站在他面前，和他对视了很久，整个过程中，他一直直视着我的眼睛。

“你是一个性情古怪的人？”我问道。

“你说什么？”

“我问你是不是一个性情古怪的人。”我又问道。

有那么一秒钟，科迪似乎摘下了面具，偷偷笑了。他的眼睛闪闪发亮，但他的笑容稍纵即逝，他耸了耸肩，装出一副根本不在乎别人怎么评价自己的表情。

“不，我才不是一个性情古怪的人呢。”他回答道，并模仿着我的声音。

“太好了。”我说道，“我也不是。所以我确定咱俩可以和谐共处。欢迎你成为这个大家庭的一员。”我向他伸出手。科迪盯着我看了好一会，才确定我并没有开玩笑。我期待着他和我握手。他迅速但坚定有力地握了握我的手。我朝学区顾问挥了挥手，打开门让科迪进了教室。

当班里其他学生好奇地盯着这个新来的孩子时，我好像真的能感觉到，科迪为了保护自己，强行为自己建立了一堵冷漠之墙。他一屁股坐到了教室唯一的一个空位上，就在我的讲桌附近，接着就对着坐他前面的女孩的桌子踢了一脚。

“我们刚刚读完《罗密欧与朱丽叶》，”我告诉科迪，“现在我们正在欣赏那场话剧的视频。你读过那本书吗？”

科迪叹了口气，翻了翻白眼。“读过，”他咕哝着回答道，“读了一百万遍了。”

“科迪，那么等我们看完这个视频，你就可以写一篇好作文了。”我说道。我关上灯，打开了视频。几分钟以后，我听到了科迪喃喃自语，很明显，他成功分散了周围同学的注意力。

“嘘。”我提醒孩子们不要说话。他们安静了仅仅几秒钟，科迪又开始说话。我拍了拍他，请他到教室外面。

“有什么事情吗？”我问道。

“没事。”科迪回答道。

“那好，我确定不用告诉你你也明白，别人正在观看视频时讲话是不礼貌的。”

“是的。”

“所以，你是否介意告诉我你在说什么？”

“我就是想知道他们是怎么建立起那些高高的石墙的。”科迪回答道，“我是说，那是三百年前，或者更早的时候，对吗？那时候，没有推土机，也没有任何重型设备。所以，他们究竟是怎么建起那么高大的城墙或者城堡之类的建筑的？”他的表情非常严肃。他渴望知道这些。

“很好，我确定他们借助了滑轮和支点的力量。我们课后可以到图书馆去查一下有关资料。但现在你需要保持安静，可以吗？”

“可以。”科迪打开门，回到了他的座位上。大约安静了十几分钟，他又开始小声嘀咕了。这次我没有请他出去，而是俯下身来以便能听清他在说什么。

“所有的牧师是怎么整成一样发型的？”科迪说道，“他们是秃顶，但脑袋周围又有些看起来极其笨重的头发。所有的人看起来都一个模样，因此不太可能是巧合。”

“我觉得是一种削发仪式。但我不是一个天主教徒，所以也不是十分肯定。”我说道，“我们以后去图书馆查查。”

科迪点了点头，在剩下的时间里一直很安静。下课后，我让他留下来。我看见他肩膀一下子垂了下来，并暗暗地叹了口气，所以我马上安慰他我没有找他麻烦的意思，我只是想和他聊一聊。

“你有一种打破砂锅问到底的好奇心。”我说道。

“什么？”科迪扫了一眼教室，好像在确定逃生路线。

“你很聪明，是吗？”我说道。

“反正我不笨。”科迪回答道。

“那你为什么在学校惹了这么多麻烦？你似乎是一个挺可爱的孩子。”

科迪耸了耸肩。“不，我是个坏孩子。”他说道。

“我觉得你不是个坏孩子。你可能是一个不太讨人喜欢的小孩子。我小时候和你一样，看看我现在，变得多好。”

“你很奇怪。”科迪说道。

“我知道，但我并没有恶意。”我说道，“你呢？”

“哦，我是个危险人物。”科迪说道。他抬起一只手放在头上，做了个拿枪并扣动扳机的姿势。“我可以射中一个老师。”

“你为什么要说那么傻乎乎的事情呢？我应该害怕吗？还是说我应该觉得你像个精神病患者？”

科迪什么也没说，只是对我怒目而视。

“你那样做通常有用，是吗？恐吓老师，然后他们就可以把你开除或者让你一个人独自待着。”

科迪又一次耸了耸肩，毫不在乎地说：“现在我可以走了吗？”

第二天下课后，我又拦住了他，我们进行了一次时间很短的单方面谈话。这样过了几个星期后，科迪对我不再抱有那么大的戒备心了。实际上，他已经开始谈一点有关自己的事情了。在他妈妈觉得自己再也管不了儿子之后，他就和一个收留自己的监护人住在一起，直到现在。他本来是一个很好的小孩子，没有任何问题。但有一次，他打了自己二年级的老师。从那以后，一切都变得无法收拾。他拒绝跟我谈论那次攻击老师的事情，好几天都不愿见我。后来，在一次班会上，我提到自己曾经有一位老师，经常喜欢捏我们的脸颊，真的很疼很疼。当时我还在中学，我就装成一只小狗，咬伤了他的脚踝。从那以后我就开始麻烦不断。那天下课后，科迪未经邀请，主动留了下来。

“您真的咬伤了那个老师？”他疑惑地问道，“还是说您只是装装样子？”

“是的，我真的咬他了。”我说道，“但我没有真的使劲咬他，只是轻轻咬了他一下。但从那以后，他再也没有捏过我或者其他女孩的脸。”

“您没被老师抓住吗？”

“当然逃不过啊，我惹祸上身了呀。但那时候我学习很好，所以老师就放我一马，饶了我一次。”

“您不知道，我的遭遇跟您一样。”科迪说道，“我踢了一个老师。但我真没打算伤害她。她当时拽着我的耳朵，使劲扭，真的弄疼我了，所以我才踢了她一脚。那时候我还是个小孩，长得也矮，所以我正好踢到了她的胯部。我觉得自己真的把她弄疼了。但学校老师把这件事扯到了性上，就因为我踢的部位正好是她的胯。没人问我为什么要那么做。他们就这样把我赶出学校，带我去见了精神病医师，让我服药，逼我去见了许多有关方面的治疗师和人员。而且从那以后，老师们就开始讨厌我。不管我去哪里，他们都会提前警告我，让我不要搞破坏。”

突然，科迪停了下来。他跑出了教室，一连几天都没来上学。当他又回到教室后，他坐了一小会儿，然后又开始在座位上猛地滑了下来，装出一副毫不在乎的表情。尽管科迪的日记很少会超过几个句子，有几次作文作业也没交，但为了通过第一学期的考试，他还是想方设法地完成了足够多的课堂作业和家庭作业。

第二学期开学几星期后，我被叫去参加了一个个人教育计划会，参会的还有科迪的监护人、学校心理科医生、另外两个老师，以及一个特殊教育协调员。简单介绍了科迪的学业进展情况（他在其他班级考试都不及格）之后，那个协调员解释道，他想让我参加一个项目，这样我就可以教科迪学会写句子，而后慢慢学会写段落。我惊诧万分地朝四周扫了一眼，想看一看还有没有其他人和我一样，觉得这个请求看起来有多么滑稽可笑。但似乎没有人觉得这个要求有什么不妥。科迪正盯着地板，一言不发。

“科迪可以写一个段落啊。”我说道。

“我们没有证据表明他可以做到。”那个协调员说道，“他在以前的个人教育计划项目中，写不出一个完整的、正确的段落。”

“科迪，你有没有写过一个完整的段落？”我问道。

“写过。”他回答道，“很久以前了。”

“明天来学校的时候，你能写一个段落给我吗？这样我就可以向他们证明你没有反应迟钝。”

“我想可以。”科迪说道。

第二天，科迪问我他该写点什么。我建议他写一个如果他是名老师，他将怎样和像他这样的学生相处的段落。他坐了下来，写了一段话，然后扔到我的讲桌上。他写了很多，但没有任何标点符号。

“你有没有听说过大写字母和标点符号？”我问道。

“听过啊。”

“那么，这段话中哪些单词首字母该大写就大写，并在合适的位置加上标点符号。”我又把那张纸扔回到科迪的桌子上。

科迪快速地把这段话分成了几个句子，把句子的第一个单词的首字母改成大写字母，并在需要的地方加上了句号。然后，他把这张纸又递给了我，这段话语法相当完美，也没有任何拼写错误。我把这段话拿给那个特殊教育协调员，他读过后，看着我泪流满面，激动地拥抱了我。

“这真的是一个奇迹。”他说，“非常感谢您的辛苦付出。”

我想说，“不，这不是奇迹。用特殊教育制度对待这种聪明、敏感的孩子时，就好像他是一个精神病患者、变态杀人狂一样，这本身就是犯罪”。但我已经领教过了这种言论会让对方产生一种防御心理，最终伤害的只有我的学生和我自己，并不会对这种教育制度产生任何影响。所以，当我被雇来教学时，我就只管好好教。但一有机会我就写文章，身边一有听众时我就开始宣传。慢慢地，我的听众越来越多。我很清楚，比起课堂授课，这样做可以在教育系统之外产生更大的影响。

* * *

在我印象中，破坏性最强的标签是BD。可能你还不太熟悉这个首字母缩略语到底意味着什么。当一年级“诈骗犯”补习班的一个又矮又胖的男孩拽我头发时，我才明白BD指的是什么。好吧，这个班的官方名称并不叫“诈骗犯”补习班，这是一个阅读补习班。第一天第一堂课，全班总共有17个男孩和4个女孩，他们都非常崇拜那些诈骗犯之类的人。他们并不是真的坏孩子，却都希望自己能够是。他们中没有一个识字的。每天上课前我都要求他们独立阅读15分钟。我想让学生知道，我会和他们一起读，并且我说到做到。我坐在教室中间，心无旁骛地读书，偶尔会停下来朝他们微微一笑，或者回头看看我以前读过的东西。我以身作则，试图让他们能够表现得更好些，效果极佳。

一天早上，我正在教室中间读书，拉洛·里维拉突然冲过来，拽着我脖子后面一小撮头发，那里的皮肤是最嫩的。他的举动让我惊诧万分、愤怒无比，我在座位上打转，小声但厉声呵斥道，“以后不要再这样了！不要再动我或者教室里任何一个人”。

拉洛一下子蒙了，他的嘴在圆圆的脸上张成了一个奇怪的圆圈。他不停地眨着眼睛并吃惊地瞪着我。我心里想，天啊，我可能把他吓坏了。我又读起了书，其他同学也跟着读了起来。几分钟以后，拉洛又拽住了我的头发，这次比上次还用力。剧烈的疼痛让我感到愤怒和吃惊。当我被逼得又一次在座位上旋转时，我挥起拳头，朝他的肩膀狠狠地打了一拳，这个举动让我们两个人都无比震惊（我不建议对学生施以暴力，那是唯一的一次，也是最后一次）。因为他是一个又矮又胖的男孩，所以他从滑溜溜的塑料椅子上一下子滑了下来，摔到地板上。他坐在那儿，痛苦地揉着自己的肩膀。我跑出了教室，试图让自己的情绪慢慢平静下来。我不敢相信自己竟然打了一个学生。或许是如同大家事先提醒我的那样，教这些高危青少年的巨大压力最终击败了我。

其中一个女孩蹑手蹑脚地走出教室，“约翰逊老师，你没事吧”？

“我没事。”我说道，“就是打了一个学生。”

“那是拉洛自找的。”安吉拉说道，“他总是那样使劲拽别人的头发。”

“即使那样，我也没有理由打他。”我说道，“我还总是告诉你们对别人施以暴力是不对的。我是一个伪君子。”

安吉拉想了想我说的话，然后蹲在我旁边，凝视着我的脸。“来吧，约翰逊老师。你得回到教室里。”

“不，我不能回去。”我说道，“不论发生什么事，你们必须回到这里，但我可以不回去。只要我愿意，任何时候我都可以辞职，再找一份别的工作。或许现在正是离开这里的好机会。”

安吉拉抿着下唇思考了几秒钟，然后转身回到了教室。几分钟后，拉洛出来了。

“老师，我拽您的头发，是我不对。”他说道，“我不应该那样做的。”

“我也不对，我竟然打了你。”我对他说道，“我也不应该那样做。”

“是呀。”拉洛点了点头。

“为什么还要拽我的头发？特别是我刚说过不让你拽。”

拉洛在我旁边坐了下来，摇了摇头。“我是一个BD。”他说道。

“BD？什么意思？一生下来注定要死的病？”

“不是。”拉洛说道，“我有行为障碍（Behavior Disorder）。”

“什么意思？”

“我控制不了自己的行为。”

“是真的吗？”我反问道，“哦，你在这个班里已经好几个星期了，这期间你没有失控的时候啊。但今天为什么就突然控制不住自己了？我才不信呢。”

“真的，我是一个无法控制自己行为的人。”拉洛坚持道，“我在一个特殊班级里待过，一切都是真的。”

“那你们在那里做什么？学习情绪管理？”

“不，我们学习烤面包。”拉洛解释道。

后来我才知道，BD班上的学生真的在学习烤面包，并在午饭时出售自己做的面包，以赚取各种项目的费用。但比起烤面包，我对他的这种行为似乎更感兴趣。

“要知道你必须得学会控制自己的行为。”我告诉拉洛，“否则，没人会愿意做你的朋友，成为你的邻居，雇用你工作，或者嫁给你。没人会喜欢控制不住自己情绪的人。我知道你很聪明，考试完全可以及格。但如果你打算伤害别人，我就不准你留在我的班级了。如果还想待在我的班里，那你就必须学会控制好自己的行为。如果你觉得自己快要失控了，你可以站起来，到教室外面待一会，或者在教室后面站着，把自己的头搁在桌子上，屏住呼吸。换句话说，你可以做任何可以平息自己情绪的事情。好吗？”

“那你是不是还继续当我们的老师？你不会像安吉拉说的那样辞职，

对吗？”

“我会考虑待在这里继续当你们的老师，你也要考虑考虑如何控制好自己的行为。”

我们两个都决定继续待在这个班里，那年拉洛考试获得了A的好成绩。刚开始，他经常需要到教室外面，让自己平静下来。但几个月以后，他只需要偶尔站起来，在教室后面站几分钟就可以了。有了那次经验之后，只要发现无法控制自己行为的学生，我就告诉他这样做（印象中，总有些男孩子会引发一些危险的问题）。只有两个学生例外，其他学生都选择继续待在我的班级，并且都通过了考试。

我知道给学生的不良行为找借口是违法的。我们必须教他们学会自我约束、自我控制。如果不这么做，他们将来的生活注定要举步维艰。或许有些人觉得，这些应该归咎于他们的家庭，如果他们的父母举止不文明，那肯定也教不了自己的孩子。或许是这么回事。但我相信，当孩子到了一定的年龄，是可以理解周边环境会对自己产生一定影响的，他们绝不会永远模仿我们的行为。拉洛和其他所有无法控制自己行为的孩子，就是典型的、栩栩如生的例子，他们可以学会处理和适应周围环境的不同状况，如果我们教会他们怎么做才能成功，并真诚地期待着他们成功的话。

顺便说一下，对那些始终对于我打了孩子这件事耿耿于怀的人，我并没有掉以轻心。那个时候我曾经慎重考虑过是否辞职，因为我一直对虐待孩子的行为嗤之以鼻，但我却以身试法，打了自己的学生。那天下班后，我去了校长办公室，向他承认了我的过错，并告诉他我愿意接受所有必要的惩罚。

“对不起，校长。”我说道，“我今天打了一个学生。”

“你打了谁？”

“拉洛·里维拉。”

“大家都想打他。”校长哈哈大笑道，“但以后不要再打他了。”

＊＊＊

从那以后，我再没打过任何一个学生。但我的确每年都会教一个又一个的标签学生，以下仅仅是略举几例。

杰罗姆，据说患有严重的发育迟缓症，将永远无法通过标准化考试，也永远无法获得高中文凭。但杰罗姆决定好好学习，只为证明那些专家的诊断是错误的。而他也终于如愿以偿，拿到了高中文凭。那一刻，杰罗姆为自己的成功欢呼雀跃，喜极而泣。

马特，自小学起就被安排在天才班，却坚持认为自己其实就是一个普普通通的学生。直到十年级，他努力通过了大学预修课程，却还是选择了放弃进入大学。他开始每门课都不及格，老师和父母都快急疯了，这种状况一直持续到他们同意马特转入普通班学习，他才重回正轨，茁壮成长。

玛丽娜，被安排在非母语英语课程班，只因为她的口音太重，学区顾问听不懂。在海军服役期间，我曾经在菲律宾待过一段时间，所以我能听懂她的口音。我陪着她到办公室，跟学区顾问解释说她会说英语，但他坚持认为玛丽娜说不好英语，必须继续待在非母语英语课程班上。我让玛丽娜参加了高危青少年项目班，她的考试成绩一直都是A。

乔斯，被安排在非母语英语课程班，因为他的姓氏显示他是西班牙人。乔斯在上一年还是我班里的一个学生，我十分清楚他接受的是双语教育。所以，当看到他坐在这个班里时，我径直走到他跟前，小声问道：“你在这里做什么？”他耸了耸肩，说道：“这是他们安排的。”征得老师同意后，我把他带到走廊上。他跟我解释道，他的父母根本不相信能说得过学校里那些专家，而如果他自己去质疑一个老师或者别的成年人也会显得他很傲慢无礼。因此我询问了学校老师，并跟他们解释了相关的缘由，后来他便转到我的普通班了。

帕特丽夏，她的名字出现在“上学期卷入一次激烈争执的学生”名单上。名单被派发到各个老师手里，以便他们可以及时掌控自己班级里潜在的问题学生。帕特丽夏曾经被一个狂热撒旦信徒帮派里的男孩跟踪，所以上学时在自己的双肩包里藏了一把刀，以便在需要时保护自己不受他的伤害。当那个男孩子看到这把刀时，就把帕特丽夏告到了学校办公室，然后她就被勒令关禁闭，也被列入了暴力学生名单。

伊莎贝尔，曾遭到一群女孩的袭击。这群女孩已经因为逃学和犯罪被扣留了两次，由于嫉妒伊莎贝尔获得了大学全额奖学金，把她当成了眼中钉，不断袭击她。她们知道即使学校老师知道伊莎贝尔是受害者，每次也会勒令她关禁闭，仅仅因为她曾在学校里卷入了一起暴力冲突事件。

伊莎贝尔向我求助，我报了警，帮她对那些女孩申请了限制令。但即使伊莎贝尔是无辜的、被袭击的受害者，学校管理人员还是坚持要继续关伊莎贝尔禁闭，我提醒他们她的父母完全可以对这件事情提出民事自由诉讼（他们并无意提出诉讼，但我们想表达一种态度）。伊莎贝尔再没被关过禁闭，直至高中毕业，考上了大学。

还有但丁，他的信让我感到心酸，“我只是想谢谢您，因为您是唯一一个不怕逼我写作业的老师。别的老师对我都小心翼翼，唯恐激怒我。他们觉得我是一个高大粗壮的黑人，如果把我逼急了，我会伤害他们”。

“当你觉得老师好像害怕你时，你是怎么做的？”我问但丁。

“我就会表现得真要伤害他们一样。”他说道，而后大笑起来，但他的眼里噙着泪水，因为对一个好人来说，仅仅因为自己的长相而不被他人信任，是非常令人伤心的。正如你说的是实话，反而被他人指控你撒谎的感觉，或者诽谤你做了自己根本没做的坏事一样。毫无根据地害怕但丁，真的是无稽之谈。但丁是我遇到过最可爱、最温和优雅的一个男孩，那些区别对待他的老师犯了心理和情感虐待罪。实际上，他们在暗示你："因为你是一个黑人，所以你天生具有暴力倾向，你真正的本性暴露出来或许只是时间早晚的问题。"

再给大家讲一个关于一个十几岁男孩的故事，是阅读障碍治疗中心的一个顾问告诉我的。虽然这个男孩不是我的学生，但我永远忘不了他的故事。这个男孩说服自己的父亲陪他来到治疗中心，因为学校的教育顾问根据他的标准化考试分数，继续把他归为发育迟缓的一类学生。男孩则坚称是考试出了差错，但没人相信他的话。教育顾问说道，他的反应不同于别的孩子，大多数孩子会照他们的要求去做，而这个男孩拒绝照做。他想让教育顾问再给他一次考试机会，这样他就可以向父亲证明自己是对的，而他的父亲则完全相信学校对自己儿子智力水平的评估结果。

男孩参加了正常条件下的标准化智力测试，考得一塌糊涂。但男孩仍然坚称如果再多给他点时间的话，他可以考试及格。

"这样，我又让他考了一次。"教育顾问说道，"但第二次，我没有给他设定考试时间限制，他需要多长时间都可以。他用了正常考试三倍还多的时间做题，但这次他表现得就像一个天才。"

坐在教室里的这些学生，还有多少天才仅仅因为一次考试惨不忍睹，就被那些被考试分数误导的大人们贴上了需要特殊教育的标签呢？

我们不能再仅仅依据某次考试就给那些孩子贴上特殊教育的标签了，而是应该把他们当作一个个独立的个体，根据他们独特的学习方式和个性来教他们。我们应该把给学生贴特殊标签的时间和精力，以及随之而来的花在所有特殊教育项目上的百万费用，用于减少班级规模，为越来越多行为与我们的期望背道而驰的学生，提供更多的来自教师、助教以及顾问的个人关注。让我们像对待有价值的人一样对待我们的孩子，他们有权得到尊重。

如果必须给这些孩子贴上某种标签，为什么不用一些能更准确地描述他们的新名称呢？比如：挑战学习任务的聪明班、充满童稚的活力班、应对棘手的父母离婚班、高谈阔论班、校园暴力恐吓班，以及需要时间思考的天才班，这些名称不是很好吗？

第8章
Chapter 8

倾听孩子的情感问题

之前在一所高中教学时，我要求班里的新生每天课前默读15分钟他们自选的书。这不是什么新鲜事，每堂课都始于独立阅读。但有一天，我发现只有一半的学生在聚精会神地默读，而另一半学生则唉声叹气，看着十分可怜。所以我给他们布置了写日记的作业。其中一个题目是“你正在想什么”，几乎所有不愿读书的学生都选择了这个题目。当然，他们有很多素材可写：父母离婚、生活贫穷、正式约会、各种疾病、拉拉队选拔、受伤或死亡、暴力行为、心灰意冷、穷困潦倒、法式接吻、种族偏见、性骚扰，以及保姆工作等。

日记收上来以后，我读着他们写的只言片语，太过投入，以至于没有注意到，短短几分钟之内，几乎所有写完日记的学生，都已经打开自己的课本开始阅读起来。一般来说，每个班总有一两个顽固分子，每次做作业都似乎是与自己的意志进行抗争，但其余的孩子都在读书。他们真的在读书，不仅仅是盯着课本无聊地数到100再翻到下一页，所以我相信他们正在认真读书。

那天晚上，我读着这些日记，被他们在日记中表达出来的感情所震惊。一个男孩写了满满两页，详细描述了他的沮丧和无奈，因为放学后他开母亲的破车到购物中心去打工，却老是被警察抓住。一个刚转学来的女孩写到她正试图逃离一个男孩，而这个男孩一直想说服她加入一个崇拜撒旦的团伙。每篇日记都涉及了一些绝对耗费他们精力的严重问题，以至于他们根本无法专注于诸如词汇测验之类的小事上。

第二天，开始独立阅读前，我把日记发给他们了。有些学生看完我写的评论后，开始写更多的事情；其他学生看完评论就开始读起书来，不再唉声叹气，不再小声嘀咕，也不再顽固对抗。但到了第三天，又有几个学生开始不愿读书。我就又让他们选择写日记。所有的学生又一次选择了同一个题目“你正在想什么”。

只用了一个星期我就摸透了他们的套路：当他们需要写出自己的麻烦事时，他们就不断地怨声载道、小声嘀咕，身子扭来扭去地不愿读书。我就让他们写一会儿日记，写完之后他们就开始心甘情愿地读起书来。每次读了他们的日记，我都会对他们提出我最好的建议或者表达我最真挚的同情，我们变成了一群作者和读者。班里的违纪现象渐渐减少了，最终彻底消失了。

当我在其他班级重复相同的实验时，同样的事情发生了。不愿聚精会神读书的孩子，甚至那些拒绝读书的孩子，在日记里字迹潦草地写完他们心中所想的事情后，就会规规矩矩地坐那儿开始读书。我并不是想暗示他们一夜之间就变成了一个学者，但他们真的开始认真学习了。而我也成了一名真正的老师。

这次经历让我渐渐明白了一件事情，如果我们能给学生更多的关注，特别是关注他们的情感问题，那么发生在学校里的大多数非暴力行为问题（喜欢想入非非、缺乏学习动力、对他人漠不关心、无法专注于学习等），都会逐渐减少，甚至彻底消失。郁郁寡欢和不知所措的孩子无法集中精力，他们也不相信自己有足够的能力应付生活。我们无法解决他们的问题，或者向他们保证所有的事情都会好起来。但我们可以倾听他们遇到的麻烦事，就算我们不能提出合理的建议，也可以表达自己的同情，给他们指出可以寻求帮助的方法，让他们知道还有其他人也遇到了同样类似的问题，最终都可以得到解决。

* * *

我收到过孩子们上百封信，几乎每一封都涉及他们的情感状况，或者与同伴、朋友、兄弟姊妹、父母以及老师之间发生的冲突。尽管有些担忧对成年人来说似乎微不足道，但我们必须记住一点，孩子们的感情是丰富多彩的。我仍然记得，当我还是一个小孩子的时候，我会有一些特别强烈的担忧：担心自己的祖母会死于“甜食”；担心自己房间外面潜伏着可怕的吸血鬼和狼人；担心如果我们继续浪费那么多厕纸，就会被送到救济院。我相信我还可以列出1000多个这样的担心，我同样确信自己会长时间地凝视着窗外或者盯着天花板，想象着将来我的家庭和我会是什么样子的。我想象的危险主要是虚构出来的，但孩子们所担忧的今天的危险却是实实在在的。因此我才花时间消除他们的担忧，这样他们至少可以轻松一阵子，并把精力放在自己的学习上。

这些信来自世界各地的学生，在这里我想和大家一起分享其中的一些。或许他们的信会让你想起自己班里或者家里的一个孩子。如果你是一名老师，可以以此为契机，让班里的学生进行写作、讨论或者辩论。或许当你下次开始对不听话的孩子失去耐心时可以暂停片刻，这样你就会意识到孩子其实只需要你听一听他们的心里话。

问题：班里有两个男孩每天都打别的孩子，还做一些卑鄙的事情。他们经常找碴儿欺负别人，包括我。他们让我的生活苦不堪言，我甚至都不想来上学了。

——亚力克，10岁

答复：亚力克，经常有一些傻瓜认为，如果自己像恶霸一样欺负别人，就意味着自己真的很强硬、霸气。可是这种想法是错误的。那些像恶霸一样欺负别人的人其实自己更害怕，所以他们试图让别人也像自己一样害怕。

你不能强迫别人做任何事。如果你的朋友或者同学想按照某种模式行事，那就随他们的便。你需要做的就是充分利用自己的大脑。一定不要让那些恃强凌弱的恶霸得逞，他们就是想引诱你跟他们打架。但在你的生活中，他们可有可无。对你来说，他们真的不重要。

如果那些孩子只是说说而已，那你没必要在乎他们。我知道这样做很难，但如果你能做到对他们不理不睬，他们最终会觉得无聊透顶而选择放弃。他们就是在寻求别人的关注。如果你一直不搭理他们，他们就会转身去寻找他人。

但如果有人真的经常捉弄你，打你，恐吓你，或者偷你的东西，那么你就需要告诉自己的父母、老师，或者学校里的教育顾问了。跟大人聊聊你的烦恼，直到有人出面帮你解决这个问题。当有人对你实施暴力行为或者伤害你的身体时，你没有任何理由保持沉默。

班级里除了寥寥几个欺负同学的坏孩子，还有很多其他孩子。如果大家都觉得无法容忍这些坏孩子，那么你们可以一起阻止他们的欺凌行为。

告诉大人有人欺负你们，并不意味着你们就是卑鄙小人或者搬弄是非的人。搬弄是非的人通常爱告诉老师一些琐碎的小事，例如，上课时有人嚼口香糖，有人说话或者有人偷看别人的卷子，等等。那些事情都不重要。所以，当你告诉大人那些事情时，他们不会真的认真去听。但如果有孩子行为残暴，恐吓其他孩子或者对别人做些下流的动作，那么事情就很严重了。所以，告诉大人这些事并不意味着你告密，这样做反而会让你成为一个聪明而且有责任感的人，也会让你成为我尊敬的人。

如果你的朋友想和你不喜欢的人一起出去玩，那么你就该去结交新朋友。这个世界上还有很多好人。不要把时间和精力浪费在不好的人身上。想一想对你来说，什么是最重要的，是你的家庭、你真正的朋友、你的生活目标等。把你的时间和精力用来实现自己的目标，这样会让自己不再在乎学校里的那些傻男孩。我为他们感到非常难过。他们很弱小、很心虚，却试图让大家觉得自己很强大，没人可以欺负他们。但你认为一个真正强大的人会那样做吗？我认为不会。祝你好运，坚持到底。坚决与那些坏小子做斗争！那些坏小子都是些懦夫！

问题： 我最好的朋友不想和我做朋友了，我该怎么办？

——丹尼尔，11岁

答复： 丹尼尔，你的问题我深有同感。因为曾经我也面临过同样的困扰。有人告诉你他不想继续和你做朋友，是一件让人很伤心的事情。

这里有一个值得思考的问题：随着年龄的增长，我们的友谊有时候不再合适于双方，就像我们的鞋子不再合脚一样。我们会喜欢不同类别的书、电影、音乐，有时候也会成为不一样的人。如果你觉得和朋友之间的友谊不再像以前那样和谐，那么继续下去只能伤害彼此。有时候长大会伴随着很多烦恼，谁都避免不了，它是生活中不可缺少的一部分。如果有些事情让人很伤心，我们只需想一想为什么会这样，然后静待这份痛苦慢慢减轻，直至消失。

当一个朋友觉得你们不合适了，想离开你时，你一定要答应他。你不能强迫别人喜欢你。如果你还缠着他，让他继续喜欢你，他可能会因此讨厌你，因为你让他觉得自己对不起你。所以，最好的做法就是离开他，希望有一天他会想念你。

例如，对他说，“好吧，我还是很喜欢你，如果以后你还想和我做朋友，请一定告诉我。我不会生气也不会让你补偿我”。然后继续你自己的生活，去结交一些新朋友，寻找一些新的兴趣爱好。你将永远有一个你尊重的朋友——你自己。你是自己最要好的朋友。虽然听起来很傻，但这是不可否认的事实。我们必须学会成为自己最好的朋友。现在的我真的很喜欢自己，和自己一起做事情非常开心。

一定不要在背后说朋友的坏话，要真诚以待。如果有人说自己朋友的坏话，你就说“我喜欢莎米，我不想背后谈论她，这是不礼貌的”。然后把话题岔开。有些人喜欢背后议论别人的八卦消息，但不喜欢别人议论自己。很奇怪，是不是？我不喜欢背后议论别人，因为这让我很不舒服。

可以想一想下面这些有趣的事情：当你感到快乐时，你会吸引更多的朋友。所以，努力找到自己感兴趣的爱好和活动吧，玩得开心点，那么你将不再感到孤单，更有可能吸引新朋友。这可能需要一段时间，但友谊就像一朵小花，播下种子，然后只要经常浇水，天天照顾它，直到它长大并开花结果。祝你好运！

问题：如果我数学不好就是个傻瓜吗？我爸爸说我得不了高分的唯一原因，就是我是个傻瓜。你怎么知道自己是不是一个傻瓜？

——特伦特，9岁

答复：你不傻，特伦特。你爸爸说你傻是不对的。或许他小时候有人那么说过他，所以他觉得那么说会激励你在学校好好学习。我觉得你应该告诉他，他叫你傻瓜你很伤心，如果他想帮你，就应该鼓励你努力学习，无论你考了多少分都应该一如既往地爱你。成绩单上的分数固然很重要，但成为一个好人同样重要。在生活中的某些时候，你的大脑需要从具体思维转换成抽象思维。具体思维是指思考一些你能看到和触摸到的一些实物，而抽象思维则是思考一些例如无穷大之类的概念。这种思维转换与是否聪明一点关系都没有，反而和是否成熟有关系。就像有些男孩比其他男孩会早一些长胡须，有些孩子的大脑会比其他孩子更早地转向抽象思维。当我们二三十岁的时候，每个人都能赶上对方。但现在你在学校里，一直到你的大脑进行转变之前，有时候会觉得某些概念稍难了些。想象一下，人就像大树一样，有的小树苗一年之内可以长四英尺，而有的小树苗一年只长几英寸，但它们长大后都是树。

问题：我四岁时，爸爸妈妈就离婚了。妈妈说爸爸非常懒，没有责任感，但我还是爱我爸爸，我想见他。我感觉自己夹在两人中间很难受，因为我知道妈妈说的都是对的，但我还是爱我爸爸。我只好不断地告诉自己，

“这不是你的错”。我该怎么办？

——塔莉卡，12岁

答复： 塔莉卡，你妈妈有权对你爸爸拥有自己的看法。或许他真的很懒，但或许这只是妈妈自己的想法。成年男女之间的关系与父女关系是绝对不一样的。对你来说，爱自己的爸爸，和他聊聊天，去看看他也很重要。因为他是你的爸爸，即使他并不那么完美。

和你妈妈好好谈一谈。告诉她你非常爱她，也理解她不再爱你爸爸了。告诉她即使爸爸有错，你还是想了解他，你的心里有一点小小的空间是属于爸爸的。千万不要和自己父母对着干，不要在他们之间传闲话。只需告诉他们每个人你爱他们，不管他们怎样你都接受他们，你希望他们对你也是一样。

或许你妈妈会感到很心痛，或许她会很生气，并朝你发火。或许她谈起你爸爸时会很难过，抑或是她觉得你爸爸对你影响不好。那么，为什么不给妈妈写张便条，解释一下你的感觉，问问她是否有什么办法可以让你和爸爸谈谈但又不至于让她伤心？一定要告诉她你爱她，也理解她的感受，但你也有自己的感受，他们两个对你来说都很重要。你不应该觉得自己好像被爸爸妈妈夹在两人中间，因为他们之间有了问题，这并不是你的错误。祝你好运，宝贝。

问题： 我在班里读过《我的皮肤》这本书，书中那个女孩因为皮肤黝黑而被大家捉弄，她觉得男孩们都不喜欢她，我感觉自己和她一样。会有人喜欢我吗？

——切丽，8岁

答复：切丽，你知道每个人都想知道同样的事情吗？是的，大家都这样。一个人，无论大家认为他/她是多么帅气或者多么漂亮、多么聪明，他/她都想知道自己是不是足够好。我们都希望大家喜欢自己。有时候很难让大家都喜欢自己，因为有这么多的电影明星、电视明星和歌星都很瘦，还有漂亮的头发（或者是可以以假乱真的假发）。但是长得瘦或者长得漂亮并不会让你成为一个好人，也不会让你更可爱一些。实际上，看看有多少电影明星结婚后又离婚就可以明白这一点了。他们的生活并不是完美无缺的，即使他们有很多钱，长得也漂亮。

有时候黑皮肤的孩子会受到大家的捉弄，甚至有时候因为“太黑”而被自己的家人捉弄。我认为那样做是不对的。我想这可能跟以前的历史有关，那时候美国有奴隶，大家试图装扮成白人，这样他们就可以自由了。

我们都是人，我们有不同的肤色，所有肤色都很漂亮。问一问学校或者公共图书馆的图书管理员，请他们帮你找一些书籍，里面记载着许多黑人所做的美好的事情以及对我们社会作出的巨大贡献。请记住一点：除非你自己瞧不起自己，否则任何人没有权利贬低你。如果有人不尊重你，并不代表你也要看扁自己。只需提醒自己，企图伤害别人的那个人最无知、最懦弱。是他们出了问题，跟你没有任何关系。

我觉得让大家喜欢自己，最棒的方法就是关注自己的才能，无论是什么才能，即使你目前还没发现它们。或许你是一个优秀的歌星、舞蹈家，你能画一幅美丽的画，烤出美味的饼干，你和动物们有一种特别的交流方式，你知道怎样让别人高兴，你是一个真正的好朋友。找到你喜欢的事情，并逐渐提高你的技能和才能，尽量对他人乐善好施，即使对方有时候不太和善。

当你有自己的兴趣和爱好时，别人会觉得你很有趣，一旦大家对你有所了解了，他们就会喜欢上你。

有一件事你现在就能做（我知道这听起来有点傻，但这样做真的有用，因为以前我觉得自己又丑又不可爱时，我就这样做过，所以请一定尝试一下）。找一面镜子，看着镜子里面的自己。对着镜子里的自己微笑，并对她说，“切丽，你是一个漂亮的人，我爱你”。刚开始时，你可能会咯咯地笑，感到自己很傻，但过了一段时间，你就不会笑话自己了。你将成为自己最好的朋友。这是一件好事，因为没有人能把这个好朋友从你身边夺走。

问题：我是整个学校大约20个孩子中唯一的一个黑人。有时候那些孩子笑话我，仅仅因为我说话的方式和他们不一样，或者他们不喜欢我听的音乐。我真想知道自己该怎么做，才能让他们不再笑话我。

——吉姆，11岁

答复：吉姆，要做到与众不同总是很难的。一般来说，孩子们相互捉弄对方，只是为了引起对方的注意，或者表明他们注意到了你，特别是男孩子。但如果他们伤害了你的感情，尽量逐个找他们谈谈。最好不要和一群孩子一起谈，因为孩子们在一起时的反应和单独一人时的反应是不一样的。当你单独和一个孩子在一起时，对他说：“你笑话我的时候我真的很伤心。希望你以后不要这样了。”和他们聊一聊他们最喜欢的音乐是什么，问问他们为什么会喜欢某些歌曲或者艺术家，然后再聊一聊自己为什么喜欢某些歌曲。

他们可能会听你的，也可能不听你的。他们可能会说他们才不在乎你或者你喜欢什么音乐呢。如果他们还继续笑话你，尽量不搭理他们。我知道这样做很难。我上学时同学们也经常笑话我。但最终我学会了对他们的行为不理不睬，装出一副我根本不在乎的样子（即使我在家偷偷哭过），慢慢地他们觉得笑话我没什么意思，就不再理我了。

如果有人因为你说话的方式或者你喜欢的音乐和他们不一样而笑话你，那真的无所谓。但如果他们因为你的肤色或者种族背景而笑话你，你就需要郑重其事地告诉他们，他们对你抱有种族歧视，这种歧视很伤人。没有人喜欢被歧视的感觉，不管他们的肤色是黑色、白色、黄色还是棕色。我们都应该受到别人的尊重，因为我们都是人，我们都有感情。一定要告诉他们。

问题：我想见妈妈，但我找不到她，因为她没有好好照顾我，所以一些大人把我从她身边带走了。现在我和爸爸、祖母住在一起，他们也不能很好地照顾我。我该怎么做才能和妈妈重新住在一起呢？

——安德鲁，11岁

答复：安德鲁，有时候法庭不会为了孩子做出最好的判决，有时候即使最好的判决孩子也觉得不好。有时候法庭会做出对大人来说最好的判决，或者最有钱的律师怎么说法官就怎么判，或者取悦最有权力的那个人。或许你的妈妈有些情感上的问题，比如说她的情绪比较低落，有些抑郁。如果真的是这种状况，她很难照顾好自己的孩子。但这并不意味着她不爱你了。

我不太清楚你的处境到底怎么样，但我认为你需要做的第一件事是和你的爸爸、祖母一起坐下来，请他们和你解释一下有关妈妈的所有事情。告诉他们你想知道事情的真相，即使他们觉得告诉你可能会伤害到你。告诉他们你很想念妈妈，并请他们帮你想办法。

如果你有一位特别好的老师，或许你可以和他/她谈谈这件事。你也可以和自己的辅导员或者学校的心理辅导老师，以及周围那些看起来不错的大人谈谈。如果这些人也帮不了你，或许他们会给你推荐一位专门处理这些问题的专家。

祝你好运，安德鲁。我知道这很难。有时候生活会极其艰难，而我们却无能为力。我们能做的只有尽我们最大的努力彼此相爱，同时努力让自己变得更强大。当你18岁时，就可以随时见自己的妈妈了。生活就是这样，有时候的确会让人感觉举步维艰，这一点永远不会变。

问题：我是一个三好学生，我努力做到礼貌待人、尊重他人，但我的家人对我都不好。对我的妈妈和继父来说，我什么都不是。

——兰迪，14岁

答复：兰迪，我明白你的感受。当你觉得没人欣赏你时，你很难成为一个善良、聪明的人。我上学的时候，学习非常用功，每次考试都是A，但我的父亲总能找到借口来惩罚我，真的很令人伤心。我的哥哥姐姐们也总是嘲笑我，叫我疯子，即使我得了最高分。他们让我觉得自己简直就是一个怪人。长大以后离开家，我才意识到自己真的很聪明，他们有时候嘲笑我，企图找我碴儿，那只是因为他们根本不理解我，或者嫉妒我比他们优秀。人就是这样，你无法强迫他们欣赏你或者好好对待你，但你可以通过努力提高自己的内在力量，这样无论他们怎么对待你，你都不会感到太难过。

等你长大了，你就可以独立生活，你可以选择那些欣赏你的人做你的朋友。从信中我知道你的能力远远超越了平均水平，比一般人还聪明其实是很难的。你听说过人们过去常说的关于爱因斯坦这样一位伟大天才的刻薄的话吗？他数学不及格，人们称他是一个怪人，等等。但他还是继续努力做他想做的事情，最终他向所有人证明了自己是最棒的。

学校里的孩子可能很残忍，那是因为他们嫉妒你学习好。他们必须努力把你打倒，这样他们才会感觉自己比你强。如果他们真的比你强或者比你重要，他们就没必要那样做了。但他们知道自己内心很懦弱，也不怎么聪明，所以他们拼尽全力让你的日子也不好过。这很令人伤心，我知道，但如果你试着一直不理他们，他们反而会觉得没有什么成就感，最终会放过你而另选他人。他们选择捉弄你，其中一个原因就是他们觉得你很在意他们怎么想。如果你能装作不在乎他们的话（当然，这可能需要一段时间），他们很快就会感到无聊透顶，不再打扰你了。

你可以做很多事情来提高自我形象，帮助自己变得更强大。其中有些事情似乎让人感觉很傻，但真的有用。因为我曾经也这么做过，而且真的有效。首先一件事就是积极肯定自己。在一张纸上写下有关自己所有的好事情，因为你需要肯定自己的价值。我曾经写过："我是一个非常可爱的人。我很聪明。我很有音乐天赋。我喜欢自己。我应该快乐。"（一定记住，写完后把它撕了并扔掉，这样大家就不会知道这件事，也不会以此来取笑你。）

独自一人时，你也可以对着镜子里的自己说些积极肯定的事情。每天对着镜子里的自己微笑，真正学会成为自己最要好的朋友。如果你能学会独处时怎样让自己开心，那么你就可以既享受别人的陪伴，也享受独处时的快乐。

你也可以到图书馆或者书店，看看自助栏目或者找一些关于如何处理人际关系等心理学方面的书。你要记住最重要的一件事情：你并不孤独。很多人有过和你一样的遭遇，但你可能永远也不会知道，因为他们学会了把痛苦留给自己。

学校里的孩子过去常常取笑我，说我是个怪人，只是因为我和他们想的、做的以及穿的都不一样。他们真的伤害了我的感情，但我学会了不去搭理他们，并且我向自己保证等我长大了，我会证明给他们看，他们是错误的。事实证明我是对的，书籍出版商认为我不是个怪人，他们付钱给我，让我写出自己的想法！

一定记住，高中毕业以后生活还要继续。也要记住，我喜欢你，我真的很喜欢你。当那些孩子捉弄你时，请对自己说："谁在乎那些卑鄙小人？我有像约翰逊这样的好朋友，我根本不需要他们。"

问题：我最好的朋友，一旦发现我和其他朋友一起玩，就会发疯。我想和所有的朋友继续交往。我该怎么办？

——罗莎琳，9岁

答复：罗莎琳，如果你知道很多孩子都有和你一样的问题是不是感觉会好些？出于某些疯狂的原因，有许多孩子觉得如果你喜欢他们，就意味着你不能喜欢别人，反之亦然。这毫无道理可言。你当然可以因为各种各样的理由喜欢一大堆各色各样的人。现在你比你的朋友更成熟，他们还理解不了那些概念。所以，试着跟你的朋友解释一下，友谊并不是一袋饼干，不会因为分享而耗尽，反而可以通过分享找到更多的友谊。

当一个朋友跟你抱怨你其他的朋友时，试着这样说："我知道你不喜欢某某，但我喜欢。我觉得他/她很搞笑（或者很聪明、很善良、很有趣，等等）。我喜欢你是因为你……（用一些好词来形容他/她）。我和别人交朋友并不代表我不像以前那样喜欢你了。”

如果他们还不理解，试着这样说：“你能因为圣诞老人给其他孩子送礼物，就断定他不喜欢你吗？不是的，他喜欢每一个孩子。我不喜欢每一个人，但我喜欢很多人。我是一个友善的人，我在乎大家。请尽量理解我，好吗？”

如果一个朋友决定不再和你交朋友，因为觉得自己不是你唯一的、最要好的朋友，那么你一定要理解你朋友这种不安的感觉，告诉他/她，“你那么做我感到很难过。我仍然喜欢你，如果你以后还想和我交朋友，一定要告诉我。同时，祝你好运”。然后继续你的生活，不要背后说你以前朋友的坏话。让他们看看你真的成熟了，试着向他们展示一种更好的行为方式。祝你好运！

问题：我的科学老师好像不喜欢我，他一直取笑我。甚至我的朋友都注意到了这件事情。我告诉了爸爸妈妈，可他们并不相信我。他们说一定是我哪里做错了，但我知道我没有。这件事快把我逼疯了。

——菲利普，15岁

答复：菲利普，你不会疯掉的。但一定是发生了什么事让彼此误会了，现在你必须找找看到底发生什么事了，然后你才能找到最好的解决方法。为什么一个老师喜欢捉弄一个孩子，我能想出一大堆理由。有的老师意识不到，他们认为自己是跟学生开玩笑，但在学生眼里，其实没有把这些都看作玩笑。所以，或许你的老师只是想更加幽默些，想让你上课注意听讲，想激励你更加刻苦学习，或者只是想表示他喜欢你这个学生。我的哥哥们以前经常捉弄我以表达他们对我的喜爱，但这对我来说毫无意义。

如果你认为这些都不对，那么我们继续探讨这个问题。或许你上课时经常打断老师，提出一些古怪的问题，让老师误会你想让他当众出丑；或许你上课时经常和同桌说话，扰乱课堂秩序；又或许你上课时老开小差、传纸条，或者做其他学科的作业。

如果你肯定自己没有做任何让老师不高兴或者冒犯老师的事情，那么我们就必须考虑分析一下一些不太好的原因了。或许这个老师真的不太喜欢你，或许他是一个残酷无情的人，或许他的脾气不是很好，或许他没资格成为一名老师。

我想，第一步你应该先找科学老师谈谈。不要在课前或者课后直接上讲台去找老师谈。你可以问一问老师什么时间方便，你想跟他谈一谈。如果他问你想谈什么事，告诉他是有关自己的私事。如果他不想跟你谈，那么你有必要去找学校的教育顾问，跟他解释一下你目前的处境。如果教育顾问也不搭理你，那么就去找校长助理、校长、校医、教练，或者任何一个别的老师。如果学校里没有人想听你唠叨，那就去找你的邻居、舅妈、舅舅、祖父母或者别的人都可以。找一个可以听你诉说的大人，让他帮你想想解决问题的方法。有些学校规模太小了，只有一个科学老师。如果你们学校属于这种情况，那么你需要找人帮忙解决这个问题。如果你们学校不止一个科学老师，你可以要求转到别的班级上课。

如果你的老师愿意和你谈，尽量不要指责他，尽可能和他讲清楚自己的感受。以这种方式和老师谈话，不太可能惹老师生气或者冒犯老师。告诉他你感觉他好像不太喜欢你。如果他问你为什么，那就告诉他你真实的想法。不要说“你老是针对我，你总是取笑我”，准确告诉他，他做了什么事让你产生这样的感觉。比如，你可以说“你说了些话，让我在全班同学面前感到无地自容，并且你还在笑。但是我感到非常恐惧”，或者描述一下发生过的任何事情。说具体点，但不要指责他任何事情。说出你自己的感觉，用“我”开头而不是“你”开头。这就叫利用你的情商，这是心理咨询师教的方法，以便大家能够更好地互相交流。尽量用“我觉得”开头解释自己的感觉，而不是指责对方做错了什么事。以这种方式开始谈话，他不会觉得必须得为自己辩护。

如果你告诉这个老师他说过的话、做过的事让你感觉很不舒服，就相当于给了他机会解释自己那么说、那么做的理由。或许他根本没意识到他的行为已经对你造成了一定的影响。如果是这种情况，他可能跟你道歉，也可能说以后尽量注意不会让你再感到那么尴尬。如果是这样，跟他握握手并表示感谢。不要对他怀恨在心，原谅他并继续好好上课，在班上对他礼貌一些。

如果他说你简直是疯了，怎么能胡乱编造，无中生有呢！那么不要再和他争辩了。谢谢他给你谈话的机会，然后去找一个大人，按照我之前说的那样去做。你不能继续待在一个老师故意羞辱你，让你难堪的班级里。不要放弃，一直找，直到有人愿意听你说为止。

和你的父母一起坐下来，讨论一下目前你的处境，告诉他们你并没有凭空捏造这些事情。如果你有朋友愿意陪你一起和父母谈一谈，那就让朋友参与讨论。一定要冷静，只陈述事实。明确地告诉父母科学课上究竟发生了什么事。不要试图让自己听起来毫无过错，告诉他们实话就可以，并寻求他们的建议和帮助。可以把这封信给他们看看，告诉他们我建议你和他们谈一谈这件事情。

还有一个好主意是，你可以把这件事写下来。当那个老师取笑你时，把他说过的话、做过的事都记在一个本子上。同时记下你是怎么说、怎么做的。当然，还要写上具体的日期。然后请同班的一个同学签上他/她的名字，作为你的证人。用这个笔记本把事情的来龙去脉原原本本地记下来。并妥善保存好，不要拿给任何人看。如果你想给某个人看一看，那么一定给他看复印件。保存好你的原件，以防有人不小心或者故意弄丢了。

祝你好运。你身处一个艰难的处境，但遗憾的是，学校里经常会发生这种事情。老师们也都是些普通人，甚至比大多数人都更普通。请记住，你的老师只是你人生中遇到的成千上百个人中的一个。你会安然度过这段时间，也会变得更加强大。

附言：我曾经有一个学生，她说数学老师讨厌她。我陪她一起去找数学老师谈一谈。结果是数学老师以为她试图作弊，因为她上课老和她的朋友小声说话，但其实是她想把问题翻译成西班牙语，以便能更好地理解问题。当她解释说自己正在学英语时，数学老师很爽快地同意帮助她。还有一个学生，他跟一个因为自己字写得太烂而不愿批改他的作文的老师之间有点摩擦。他写的字真的很烂。所以我告诉他，请求征得老师的同意后把他在班上写的所有作文都在电脑上打出来。有时候他必须先给老师看看手写的作业，然后老师会给他多一天的时间来打字并上交。

还有，我在部队工作时，有一个非常卑鄙的检查员，我会心里想着，“虽然他很令人讨厌，他仍然需要一条腿一条腿地穿上裤子”。这样想并没让我喜欢他一点点，但足以让我每次见到他时都能保持微笑。

问题：为什么我们在学校里要学这么多无聊透顶的东西，这些东西可能在100万年以后永远也用不上?

——苏西，14岁

答复：苏西，我不想骗你说在学校里学到的东西都是有用的，因为有些东西的确用不上。但你在学校里学会的最重要的事就是如何思考，这也是你做的那些作业应该教会你的技能。无论什么题目，例如理解题、识记题、分析题、创作题以及评估题等，老师布置的相关作业都需要使用不同的思考技能。即使你可能用不上具体的词汇或者数学理论，但通过学习这些知识，你也会逐渐提高自己的思考技能。

思考在你的生活中很重要，而不仅仅局限于学校。你的工作、你的个人生活都需要各种各样的思考。你的思考能力越强，你的生活就会越成功。比如，你想说服某个人跟你一起约会或者嫁给你，或者你和岳母对于养育自己的孩子最好的方法意见不一致，又或者你想让主管给你涨工资，所有这些事情都需要你运用不同的思考技能来解决。

还有一个理由值得你去学习那些“无聊的东西”。为了取得你的高中毕业证书，你也必须要学那些东西。没有高中毕业证书，你可能可以活下去，但你的生活将会变得艰难多了。许多好工作都需要高中毕业证书。如果你辍学了，后来你又决定考取一个证书，那么你需要花费很多很多的时间才能考取普通教育发展证书（即GED，考取此证书后，证明此人具有美国或加拿大的高中程度的学术技能）。我相信你的老师、教育顾问、你的父母都已经告诉过你，如果你能高中毕业，你的一生会多赚多少钱。我觉得一个高中毕业生比早早辍学开始工作的人，在他/她整个职业生涯中平均多赚10万到20万美元。我并不是说钱是世界上最重要的东西，但要想过一份体面而舒服的生活，没有足够的钱买一些生活必需品，是万万不可的。

还有最后一个你要学习学校要求的所有课程的理由，那就是因为你要学着踏入我们的社会。你设立的每一个目标都有一定的要求，但大多都不会实现，因而没有什么意义。除非你学会玩这个游戏，获取你需要的那张文凭，才能跳过这个圈去做你想做的事情，否则你就根本无法实现自己的目标。

所以，请你专注于自己的目标，追随自己的梦想。要懂得生活中有很多我们其实并不想做的事情，但为了得到我们最终想要的东西又不得不去做。所以把它们做得又快又好是很有意义的。快速把事情做好，继续前进。你爬得越高，大家越觉得你不会去做什么蠢事。而且我可以保证，如果没有高中毕业证书，最终你还是要做很多你不想做但又不得不去做的事情。

第9章

Chapter 9

如何帮助学生阅读

亚历克斯·加西亚应该是我一直以来梦寐以求的一个学生：他聪明机智、彬彬有礼、讨人喜欢、相貌出众、认真负责、关心体谅他人，和其他学生、教职员工相处融洽并尊重自己的父母。他的标准化考试成绩排在班级前十。亚历克斯通过了每门课程的考试，但都是刚及格。除了通过考试的最低要求，他一个单词也不多读。

“我讨厌学校。”亚历克斯申请计算机学院时告诉我。这个学院是旧金山南部的一个高中学校专门为那些高危青年所设的。

“但你真的很聪明，高中毕业后完全可以去上大学啊。”我说道，想着或许积极的鼓励能提高他的学习积极性。

“比起上大学，我更愿意去监狱。”亚历克斯回答道，“但爸爸妈妈想让我高中毕业，所以我必须进这个学院。”

亚历克斯是我英语班的一个学生，课堂上积极参与讨论，写作文文思如泉涌，其他同学大声朗读时他也会聚精会神地去听。但在独立阅读作业的环节，他就变成了狂躁易怒、行为毫无节制的学生。他在高中第一年就被贴上了这样的标签。他乱敲桌子，在教室里乱扔纸团，要求去卫生间，“无意中”把课本掉到地板上，和其他同学寻衅吵架，挑衅我以让我把他送到禁闭中心——为了少读几分钟的书，他不惜做任何事。

因为我三年教同样的学生，而且花了整整一年的时间来评估他们的学习能力和学习态度，帮他们在学业上赶超其他同学，所以亚历克斯勉为其难地完成了最低阅读量，在我教的二年级英语班考试得了个C。在亚历克斯读高三这一年，我使出浑身解数，帮他改正了那些妨碍他本该轻而易举得到A的不良行为。

亚历克斯顺利进入了计算机学院。因为他相信在我们团队四个老师的帮助下，自己可以学业有成，所以他签了一份协议，保证从此远离毒品，远离各种帮派，只待在他应该待的教室里。他坚持说自己想提高学习技能和学习习惯。他声称为了提高顺利毕业的可能性，他愿意去做除了阅读之外的任何事情。

“我就是讨厌读书。”亚历克斯坚持说道，“我一直都讨厌读书。”

“但是，你喜欢听其他同学朗读。”我说道，“而且，你对我们讲的故事总是有很多明智的评论。你对于我们的讨论也提出了许多独到的见解。你喜欢弄清楚故事中人物做事的动机，并喜欢预测故事情节的曲折发展。”

“是啊。”亚历克斯点点头，“但这和读书是两码事。如果听故事，我非常喜欢这些故事情节，但如果让我读，我就开始讨厌它们了。”

亚历克斯的阅读理解没有问题，他的词汇量、发音，或者有关阅读的任何一个方面都不成问题。他在每门能力测试中的得分都远远高于班级平均分。我开始感到很奇怪，为什么以前的老师都说亚历克斯的问题在于他自己拥有选择的权力，也就是说，他选择读书这一领域作为自己拒绝妥协的一个筹码。他们都认为他如果想读书的话就能读好，但事实很简单，他并不想读书。

一天早上，我好话哄着亚历克斯自己阅读《奥赛罗》第二幕。这是一个对其他组的同学来说并不简单的任务，但特别能挑战那些幻想破灭、学业成绩一塌糊涂的青少年。默读了两分钟后，亚历克斯又离开座位了，并在一排排桌子中间来回晃悠，打一下其他男孩的胳膊，逗一逗女孩子。

“亚历克斯，请坐下。”我用最严厉、最正式、失去耐心的语气警告他。但亚历克斯把我的话当耳旁风，根本不理不睬。

“亚历克斯！坐！下！马上！”我高声喝道。但他仍然没有任何反应。

当亚历克斯走到埃米利奥身边时——班里最狂热最能闹事的学生之一——我看到他紧握着自己的拳头。那一刻，我那沉着冷静、豁达自如的风度在一阵粉笔末中消失得无影无踪。我跳起来朝着亚历克斯大声喊道：“如果30秒内你没有坐到自己的座位上，我会马上过来打你屁股！”

亚历克斯一下子愣在那里，惊慌失措。我本来不打算威胁他，威胁对于不再抱任何幻想的青少年来说丝毫不起作用，但我已经筋疲力尽，太受打击了。我这么努力地说服全班同学一起认真读一会儿书，就这样被亚历克斯给破坏了，我感到愤怒无比。其他同学也都停了下来，似乎等着看我俩一决高下。但我威胁亚历克斯要打他屁股时，一个女孩咯咯地笑了，这让亚历克斯尴尬至极，难以忍受。他眯起眼睛，咬紧了牙关。

“我能打你屁股。”他对我怒吼着。然后猛地冲出了教室，“哐”的一声把门关上了，门上半部分的玻璃被强大的冲力震碎了。

亚历克斯直接跑进了校长办公室，因为他知道那是挑衅旅程将要结束的地方。等我赶到行政楼，亚历克斯又回到了快乐而自信的自我状态。他为自己的火爆脾气跟我道歉，并主动要求赔偿那扇门的玻璃。他跟我和校长两个人都握了握手，还保证以后再也不挑衅我的耐心了。

“我不想被这个学院踢出去。”他说道，“我会努力学习来弥补这件事情。我也会做额外的作业，去禁闭中心反思，也会去周末学校。我可以去做任何事情。”

“不需要你做额外的作业或者去禁闭中心。”我说道，“你需要做的是，保证下次读书时你会乖乖地待在自己的座位上认认真真读书。”

亚历克斯无奈地闭上眼睛，“好吧。”他绝望地小声嘟囔着。

第二天，当我宣布独立阅读开始时，亚历克斯轻轻走到我桌子旁。

“我们要读多久？”他想知道。

“15分钟。”我回答道。我眨了眨眼睛，对他傻傻地笑了笑，“难不成你还能因读书而死？”

亚历克斯没有笑，但他也不想惹麻烦。坐在自己的座位上读了大约10分钟后，他又离开座位了，蹑手蹑脚地走到我的桌子旁，小声说道，“这就是为什么我讨厌读书的原因”。他指了指自己的眼睛，他的眼睛充血，四围布满血丝，眼泪顺着他的脸颊流下来。我感到无比震惊。我知道亚历克斯那10分钟之内除了读书，没有做其他任何事情。

“你怎么了？”我问道。

“我也不知道。”亚历克斯回答道，“但这就是我读书时会发生的事情。我的眼睛会疼。”

“这种情况持续多长时间了？”

“一出生就这样。”

那天晚上，我给亚历克斯的父母打了电话，确认他们已经办理了医疗保险。我让他们和眼科医生约好时间，去给亚历克斯的眼睛做个全面检查。我陪着亚历克斯和他妈妈一起去见医生，因为我十分担忧他的问题，并且我想确认医生有没有严肃地对待这个问题。做了全面检查后，医生摇了摇头。

“亚历克斯有轻微的散光。”他说，“但他的视力没什么问题。我找不到任何他眼睛充血、流眼泪的医学理由。”

回到学校第二天，我问同事们是否曾经遇到过和亚历克斯类似的学生情况。有的老师曾经遇到过，但没人可以解释为什么或者有任何建议。放学后，我打电话给黛安娜·埃雷拉·谢帕德，一个来自阿尔伯克基的朋友，她当时就住在附近，与有学习障碍的大学生一起工作。我向黛安娜描述了亚历克斯的情况。

“我明天去你教室看看。”她说。

第二天，黛安娜带着一个公文包，里面装有各种颜色的文件和8英寸×10英寸的透明胶片——红色的、玫瑰色的、桃红色的、金色的、灰色的、紫色的、绿色的以及蓝色的。她拿出一张纸，上面用一连串的黑体X组成了一个南瓜的形状，她问亚历克斯是否能不借助手指数清楚这个南瓜中间一排X的数量总共是多少。

“不能。”亚历克斯说道，“因为这些X一直在动啊。”

我和学生都挤在黛安娜身边。有些学生快速地数着X，其他几个学生附和着亚历克斯说那些X一直在“左右摇摆”。一个学生说那些X看起来好像要烧着这张纸了；还有一个学生评论说他很难把精力集中在那些X上，因为这张纸上好像有许多“白色的小河”一直在流动。

黛安娜把一张紫色的胶片放在这张纸上，然后问亚历克斯现在能否数清那些大写的X的数量。这回，亚历克斯毫不犹豫地、准确地数清了大写X的数量。

“太酷了！”他惊叹道，“这是怎么回事？”

黛安娜解释说，白纸上的黑色印刷体可以造成极高的对比度，有些患有暗敏感综合征的人会觉得这些对比度分散注意力，感到不舒服甚至痛苦不堪。荧光灯照明通常会加重这种不舒服的感觉，因为荧光灯照明的光线不断跳跃，容纳不了所有出现在自然光照里的波段光谱。但如果在纸上叠加一种色彩，或者戴上特制的彩色镜片，许多患有暗敏感综合征的人就可以正常读书了，也不会产生视疲劳或者头疼的现象，即使那些一直有阅读障碍的人也可以用。

黛安娜给大家发了一些透明的覆盖胶片，学生们把它们放在自己的课本上对比着不同颜色的效果差别。就我而言，放一张灰色的透明覆盖胶片在自己的课本上，读起来更容易。

“暗敏感综合征一直是一个有争议的课题。”黛安娜警告我说，“有些人坚持认为这种现象不存在，但其他一些人则发誓这绝对是真的。我只是给学生提供一种可能性。如果对你的学生有帮助，那么我非常乐意提供任何有用的信息。”

那时是20世纪90年代初期，几乎找不到任何有关暗敏感综合征的有用信息，除了一个叫海伦·艾伦的心理学家，发现了一种反复出现的视知觉问题。她是在教一批有阅读障碍的成年学生期间发现这个问题的，并发明了一些有色镜片来解决问题。

尽管后来也有越来越多的科学统计数据来支持艾伦的研究，但暗敏感综合征仍然是有争议的课题。因为检测学生的视力可能是一个耗时且令人沮丧的过程。（艾伦开办的艾伦中心可以专门来检测学生是否患有暗敏感综合征。）首先，孩子的父母或者监护人必须同意让自己的孩子接受检测并安排参加视力测试以排除类似近视的问题。其次，许多学校缺乏资金，无法参加艾伦中心的培训。

但亚历克斯阅读能力的极大提升让我坚信现实生活中真的存在暗敏感综合征。因为一旦他使用艾伦发明的有色镜片开始阅读，他的阅读障碍就自动消失得无影无踪。而且他还因此决定继续上大学（他的电子信息技术课的成绩是A）。他所有的课程考试分数都有所提高，并且坚持认为紫色镜片是他成功的秘密法宝。

四年后，我从加利福尼亚州搬到了新墨西哥州，有一次我被安排帮学生补习阅读课程。瓦莱丽·马丁，阅读班里的一个新生，表现出和亚历克斯类似的阅读问题。每次大家进行独立阅读时，瓦莱丽·马丁，这个聪明、性格外向、口齿伶俐的学生，就抱怨头疼，如果我要求她多默读几分钟，她就马上成了一个问题学生。当我意识到自己可能又一次遇到暗敏感综合征的问题时，我打了个电话给行政办公室，并高兴地得知学校的一个教育顾问参加过艾伦中心的暗视敏感度检测培训。

第二个星期，教育顾问在我班里给学生进行了一次非正式的检测，全班整整一半的学生对使用有色镜片有一定的反应。34名学生中的17个学生被诊断为学习无能症或者行为问题，很显然，他们真正的问题可能是视觉感知问题。

瓦莱丽的反应和亚历克斯当时的情况完全一样。当瓦莱丽开始使用艾伦的有色镜片辅助阅读的那一刻，她完全变成了班级里的官方朗读者，坚持让我多给她几次机会大声朗读，因为她以前从没有这样做过。后来，她经常在阅读课上大声朗读二三十分钟，再也没抱怨有任何不适。

“我真高兴自己找到了阅读困难的真正原因。”瓦莱丽告诉我说，“过去我常常觉得自己快要发疯了，因为我如果说一读书就眼睛疼，老师都会说那不可能。他们认为我只是想逃避读书，而且他们让我的父母也确信我是在逃避读书。所以大家一直很生气，即使我告诉他们读书真的让我很头疼也无济于事。我都开始相信自己可能又傻又疯了。”

我能想象出，当孩子们说自己一读书就头疼或者眼睛疼，却被老师和父母误会，指责自己逃避偷懒、冥顽不化的时候，他们是多么懊恼。在这种情况下，最令人沮丧的事情之一是，患有暗敏感综合征的人越专注于阅读，症状会越严重。难怪这么多的补习读者在行为举止方面也有问题。他们希望在学校表现不好，因为站在教室角落里或者在坐在禁闭中心时，他们感觉不到头疼或者眼睛疼。

经历了瓦莱丽和她同学的事情，我开始在办公用品商店买一些彩色透明叠片，在开学第一周发给我教的所有班级的学生，并对暗敏感综合征做一些简单的描述。如果有学生对使用彩色透明叠片辅助阅读有积极的反应，我会推荐这个学生做进一步检测。如果学校里没有检测条件，我会联系学生的父母，并把相关信息告诉他们，以便他们可以随时联系检测中心。

我多次看到了学生使用艾伦有色镜片和其他彩色透明叠片辅助阅读后，立即表现出来的堪称戏剧化的反应，所以我现在十分肯定暗敏感综合征的确存在，并且这也可能是我们学校许多学生所谓的学习障碍的原因所在。我相信，如果我们能够进一步改善教室里的照明设备或者自然光照（没有窗户的教室里安上窗户），或者采用全波段光谱照明设备，很多学生的阅读障碍和不良的行为举止问题将会大大地减少。

第10章

Chapter 10

如何更好地促进学生学习

我们知道学校里的儿童肥胖症和糖尿病很猖獗，还有许多孩子患有哮喘、过敏、注意缺陷障碍以及学习障碍。最近的一项研究表明，肥胖症和学习成绩不好之间可能存在一定的联系。我读了一些有关营养对孩子的学习和行为举止产生一定影响的文章，深感疑惑。但在2003年参加了德国汉堡市举办的欧洲国际学校理事会会议以后，我坚信营养学和神经系统科学将会改变人们对待饮食和学习习惯的方式。

关于达拉姆实验的讲座

在汉堡市，我有幸听取了一位来自英国的资深心理学家玛德琳·波特伍德博士的讲座，她展示了达拉姆实验的最初发现，研究对象是那些在学习上很吃力或者成绩不好的小学生。在玛德琳博士开始陈述之前，我还一直在纠结自己感恩节之际不好好陪伴家人，却千里迢迢来到这里参会。但听了玛德琳博士的演讲后，我非常庆幸自己选择了离家千里之外，坐在冷飕飕的礼堂里硬邦邦的塑料椅子上听讲座。讲座结束后，我急急忙忙赶回家，不仅热情拥抱了我的家人，还和我的教育同行、父母以及任何愿意倾听的人分享了我的收获。

首先，我要声明：我不是科学家，也不是化学家，或者接受过正式培训的营养学家。但我以前读过很多有关饮食和营养的书籍，也做过一些非正式的营养实验，而且其中一些相当成功。例如，我知道，如果服用晚樱草油和含有冬瓜、柴胡、白柳和黑升麻等的草药可以有效缓解经前综合征的症状。我也知道，从饮食中去掉阿斯巴甜和高果糖玉米糖浆可以消除偶尔抑郁的情绪和头痛的毛病。既然我没有营养学或神经科学方面的专业教育背景，为了让我们这些不经常使用分子结构和神经生理特性的人更容易理解，我会将这个复杂的话题简单化，希望科学家和化学家们能体谅我的做法。

人体必需脂肪酸

必需脂肪酸（EFA）是大脑正常运作和机体维持健康必不可少的脂肪酸；Omega-6（亚油酸）和Omega-3（常见于深海鱼和坚果中）都是必需脂肪酸，必需的意思是身体需要但自己生产不出来。许多营养补充剂夸大其词，声称含有Omega-3或者Omega-6或者Omega-9，但大多数营养补充剂没有提醒消费者，必需脂肪酸中Omega-6和Omega-3的比率是引起肥胖的重要因素。Omega-6和Omega-3的最佳比例是2：1。奶油、黄油以及菜籽油都符合这个比例，这些食物会促进大脑的正常运作。酸奶的比例是6：1，人造黄油（非多元不饱和黄油）是4：1，豆油比例是7：1，橄榄油比例是11：1。如果比例合适，我们的大脑可以保持良好的状态。但当二者比例超过20 ∶ 1时，由于分子结构和必需脂肪酸的特殊性质，我们就有麻烦了。当一个人体内的Omega–6远远超过Omega–3时，Omega–6分子就会堵住Omega–3的分子缝隙，切断大脑中电脉冲的传输，该传输直接关系着一个人思考、专注以及聚精会神的能力。用笨拙、非学术语言来解释就是，吃太多错误种类的脂肪会使我们变得愚蠢。

美国人的饮食包含了太多错误种类的脂肪。玉米油大概是整个美国最受欢迎的植物油了，Omega–6和Omega–3的比例是56 ∶ 1，远远超过了大脑在没有功能障碍的情况下所能处理的最大比例。还有比这更糟糕的呢，芝麻油中二者比例是144 ∶ 1，含有70%的多元不饱和脂肪酸的人造黄油和面包中二者的比例为370 ∶ 1，葵花油中二者比例更是高达632 ∶ 1！这些数据让人触目惊心。玛德琳博士在演讲中说："如果孩子在午餐时，吃一包葵花油炸的薯片，喝一杯汽水，那么这个孩子下午将无法集中精力学习。"

玛德琳博士说，研究发现，英国现在50%的三岁儿童表现出发展行为和学习问题的迹象。由于在美国和现在的英国，儿童注意力无法保持集中的问题激增，研究人员认为这可能不是儿童自身的问题。事情发展如此迅速，科学家们开始寻求问题产生的环境因素，而营养是关键的环境因素之一。玛德琳博士说20%~25%的生物神经紊乱是以代谢为基础的，也就是说，人之所以长胖与我们吃的食物和我们身体对该食物的反应之间存在一定的关联。

玉米似乎是美国人发胖的罪魁祸首。除了广泛使用的玉米油，高果糖玉米糖浆也是我们饮食中的主食。今天很难找到不含高果糖玉米糖浆的饼干、甜饼或者果汁了（在我的印象中，高果糖玉米糖浆会直接影响到我集中精力做事情的能力，会让我的大脑感到一塌糊涂，也会导致偶尔的忧郁情绪）。玛德琳博士没有花费太长时间让大家讨论高果糖玉米糖浆的问题，因为她的研究和演讲主题是人体必需脂肪酸，但她的确说人体自身无法分解高果糖玉米糖浆，所以它的摄入可能会导致体重增加以及其他的健康问题。具有讽刺意味的是，许多美国食品没有使用食糖，而是采用了高果糖玉米糖浆。实际上，许多人认为脂肪和糖会让人发胖，所以他们已经从自己的饮食中去掉了脂肪。那么，很可能是我们吃的脂肪和糖的替代品在搞破坏。

母乳喂养的优势

玛德琳博士在有关达拉姆实验的演讲中，首先总结了以往那些评价不同配方奶粉对婴儿大脑活动和智商的影响的研究结果。这些幼儿并不是麻木不仁的科学家们实验的牺牲品，他们是一些早产儿，必须食用配方奶粉才能健康地存活下来。第一项研究比较了两种不同的配方奶粉，其中一种含有高级营养成分，其结果是两组婴儿的精神状况有显著差异。之后，科学家们又对高级配方奶粉和母乳的效果进行了对比研究，他们坚信高级配方奶粉一定会更胜一筹。但研究结果表明，这种猜想是错误的，吃母乳长大的婴儿大脑活动明显比吃配方奶粉的婴儿频繁，智商也比他们高。这些研究结果激励着科学家们进行更多的实验研究，以期找到母乳中含有什么成分导致了二者如此显著的差异。答案是：母乳中含有两种必需脂肪酸：花生四烯酸（AA）和二十二碳六烯酸（DHA），二者都是不饱和脂肪酸，是人体大脑和神经组织的重要组成部分。DHA是大脑的灰质层和眼睛视网膜中的结构脂肪酸，对大脑、眼睛以及神经系统中信号的传递至关重要。一个人身体中如果DHA含量太少会导致抑郁、失忆以及视力问题。比起AA和DHA，婴儿配方奶粉含有更多的亚麻油酸和更多的α-亚油酸。

在特定的时间（在婴儿7天、14天以及28天时），母乳里的DHA会剧增，与婴儿大脑皮层的脑电活动正好相吻合。进一步的研究表明，母乳中的DHA会根据母亲的饮食和婴儿是否为早产儿发生巨大的变化：六个月出生的早产儿体中的DHA含量只有满月出生的婴儿的50%，8个月出生的婴儿DHA含量是80%。这表明如果母亲膳食里缺乏DHA，那么婴儿出生时体内就不会产生合适水平的DHA。如果DHA水平降到只有50%的含量，那么孩子就会出现新陈代谢困难的问题，很难自行分解体内必需脂肪酸中的Omega-3。患有Omega-3缺乏症的儿童会出现一些症状，如皮肤干燥或发痒、湿疹、哮喘、乳糖不耐症、睡眠问题、手背凹凸不平、指甲柔软或容易折断、尿频、口渴过度、头发干燥，以及过敏等。玛德琳博士团队的研究以及其他科学家的种种研究表明：除了身体上的症状以外，Omega-3缺乏症对儿童的行为举止和学习也会产生一定的影响。

研究人员经过反复实验，最终得出结论，人体必需脂肪酸中的Omega-3可以使信号更容易跨越脑细胞之间的间隙，进而帮助人们提高记忆力和专注的能力。如果膳食中没有足够的Omega-3，人的大脑就会受到损害，大脑活动因此减速或者直接停止。

玛德琳博士团队设计了达拉姆实验，以测试200多个孩子体内必需脂肪酸对他们的行为举止会产生什么样的影响，几乎所有的这些孩子都有身体不协调的问题。其中，82个孩子被临床诊断出患有注意缺陷与多动障碍，40个孩子存在阅读障碍。科学家们设计了一种呼吸测试的方法来监测孩子们，而不是采用验血测试（那样会用到针管，容易引起孩子的恐惧）。每个孩子每天都可以得到6粒补充剂胶囊，胶囊里含有人体必需脂肪酸，包括20%的Omega-6和80%的Omega-3。孩子们的膳食没有做其他的改变。这些胶囊由学校的工作人员管理并发放给孩子，在孩子上学期间进行了一项双盲测试研究。也就是说，包括研究人员在内的任何人都不知道哪些儿童吃的是必需脂肪酸补充剂，哪些儿童吃的是安慰剂。研究进行到两个月时，结果就开始让家长们吃惊，同样也让科学家们感到震撼。研究人员发现，服用必需脂肪酸补充剂的学生兴奋程度明显下降，注意力更为集中。

关于脂肪酸的进一步研究

我从汉堡市参加会议回来后，在网上和图书馆又查阅了相关资料，知道了更多有关人体必需的脂肪酸的知识。读了很多相关的研究报告和期刊论文后，我越来越坚信困扰人类的许多健康问题，如注意缺陷与多动障碍、肥胖症、抑郁症以及老年痴呆症，与某些脂肪酸过多而其他脂肪酸缺乏有着一定的关联。

当然，我不会天真到相信仅凭一种营养补充剂就可以解决每一种问题，甚至是某一种问题。但我读了很多研究报告，它们都是关于营养的变化和补充可以直接导致暴力和攻击行为的数量，以及注意缺陷与多动障碍和过敏症的数量急剧减少的。所以我完全相信，如果我们把更多的时间和金钱投资在加强孩子的营养上，而不是花在那些会产生严重副作用的强力处方药上，我们的孩子可能会更健康，在学校里能更好地学习，表现也会更好。

我们应该更重视孩子的身体健康和心理健康，而不是只看重那些保险公司、制药公司和测试设计机构的商誉，他们从那些因自己孩子无法坐下来专心学习而绝望的父母那里，获得了数十亿美元的利润。

第11章

Chapter 11

学生为何不会拼写

我的初级英语课上有一个学生叫乔瑟夫，他又高又瘦，很文静，也很有礼貌，他的名字后面跟着一连串的优点：良好的出勤率、学习动机、学习态度，善于与他人合作并深受同学们的喜爱。但他的拼写糟糕透顶，从他第一次交上来的作文来看，我就意识到乔瑟夫存在严重的拼写问题。他确实和全班同学一起写日记，却十分吃力地只写出了几段，而别的同学都写够了我要求所有学生必须达到的两页作文。乔瑟夫写的字很难看清楚，但他字迹模糊、难以辨认的文章却表达出了很好的观点。教了他一段时间后，我放弃了让他参加拼写考试的要求，开始口头测试他，而不是要求他必须完成笔试。结果显示，乔瑟夫学会了要求的学习内容，掌握了所有与写作无关的技能。

那一学年的第二个季度，我给所有的学生安排了一项重要的任务：要求他们读一本小说（其中有一半内容是在课堂上进行阅读，以便我可以监督他们的进度，确保他们真的读过，而不是简简单单地在网上查找一些现成的文学分析）。读完后，他们必须写出一篇相关的论文，并创建一些可视化的东西向全班同学展示，与此同时还要对书的内容做一个简短的介绍。这次作业，乔瑟夫做得比其他任何一位同学都要认真。但跟大多数同学不同，乔瑟夫并没有选择短篇小说或者简易读物。他读了《霍比特人》，因为比其他大多数同学提早读完了整本书，他还读了《指环王》。我之所以知道他在读这本书，是因为他经常课前或者课后找我讨论书中的某些情节（当时是20世纪90年代，此书还没被改编为电影）。当我意识到我们都对J. R. R. 托尔金的作品情有独钟时，我把自己的那套三部曲集借给了乔瑟夫。

当我们完成阅读小说这个计划后，我让学生们继续读短篇小说。要求他们以小组的形式一起读四篇短篇小说，然后进行比较和评价，设计出某种系统或规则以展示他们的评价标准，创建一个可视化的小组演示，并在课堂上以小组的形式进行展示。乔瑟夫积极参加了小组讨论，并上交了一份自己煞费苦心写的文学评论。当轮到他们小组展示讨论结果时，其他同学都低头耷脑地不愿上来，所以乔瑟夫上台陈述并解释了他们如何评价这些故事的海报。他为自己的努力感到骄傲，更为自己在第一学期成绩单上得了B而自豪。

成绩单公布后第二周的一个下午，乔瑟夫的妈妈在放学后出现在教室门口。我能听到乔瑟夫站在门外小声嘀咕，“妈妈，你这样做让我很尴尬”。她试图把孩子也拖进教室，但乔瑟夫不愿进来。

我请乔瑟夫妈妈坐下，她坐在一个学生的座椅上，没有像我期望的那样对我微笑。相反，眉头紧蹙，要求弄明白她儿子的考试成绩为什么是B。我以为她对孩子成绩不满意，就像很多父母一样，觉得自己的孩子考试成绩为什么不是A。

“B也是一个好成绩啊。”我说道，“我希望自己有很多乔瑟夫这样的学生。他从不旷课，每次作业都会认真完成。他学习刻苦努力，他很聪明，而且也很讨人喜欢，他彬彬有礼，这是您的功劳啊。”乔瑟夫妈妈点点头表示赞同，但仍旧眉头紧锁。

“但是他拼写不好怎么能得到B的成绩？”她问。

“我没有让他参加拼写考试。”我说道。

“但是您教他英语啊，难道不应该让他参加拼写测试吗？”

“我不知道应不应该。”我承认，“我只是没有让他参加拼写考试。他拼写不好，让他考拼写就如同让一个孩子一条腿参加赛跑，他赢不了。所以为什么还要他考拼写呢？”

“好吧，我原本以为他应该要参加的。”她说道，“但是我不明白他怎么能通过其他的作业要求呢？”

我向她描述了乔瑟夫在小说阅读项目上所付出的努力，并把他的日记和作文拿给他妈妈看。我解释说他之所以口试，是因为他很难写出符合要求的文章和论文。我告诉她，乔瑟夫是如何以一己之力让他们的短篇小说评价团队看起来非常出色的。

“我不知道他是怎样读完一本小说的。”她说道，“你知道，乔瑟夫患有ADHD，即注意缺陷与多动障碍。”

那时候，我知道ADD是指注意缺陷障碍，但不太熟悉ADHD这个术语，所以我请她解释一下。

“他太活泼好动了。”她说道，“他经常兴奋过头，从来不会安静坐下来，聚精会神地做一件事情，即使几分钟也不行。他就是无法集中精力。”

“是吗？他在我的课上从不这样。”我说道，“我观察过他，坐那儿一次可以朗读45分钟。有时候我不得不提醒他不要再读了，因为马上要打下课铃了。”

她靠在椅背上，双臂交叉地看着我，显然在想是否应该相信我说的话。终于，她笑了起来。

“太好了，乔瑟夫一直都很抵触吃那些药。而我一直以为他是青春期叛逆。”

乔瑟夫妈妈走后，我去了公共图书馆，查阅了更多有关ADD的资料，我明白了注意缺陷障碍可能伴有过度活跃的症状，也可能没有表现出这种症状。表现出过度活跃症状时就是注意缺陷与多动障碍。**这真是一个大新闻！我一直认为，自从多年前我上学以来，关于ADD的研究都没变。**

关于ADD-ADHD的现有研究

但我很快就了解到，自我上学起，情况确实发生了很大的变化，那时候学校护士的医药箱里最厉害的药就是阿司匹林。乔瑟夫是我班里孩子中第一个被ADD-ADHD问题所烦扰的孩子。和乔瑟夫一样，很多孩子坚持认为自己没有任何问题，不需要吃药。在我班上，他们的确以实际行动证明了自己可以安安静静坐在那儿认认真真地学习，尽管有时候刻苦学习让其中一些人感到筋疲力尽。因为这么多孩子对自己身上的标签都愤愤不平，所以我继续进行自己的研究。

读得越多，我就越担心，因为我发现好多信息模棱两可、相互矛盾。许多ADD-ADHD的诊断非常主观，仅仅基于一系列所有孩子偶尔会表现出来的症状来进行断定。在某一时刻，那些正常的行为举止貌似又是不正常的，但具体哪一个时间点，又无人知晓。一个专家声称，ADD是一种心理疾病，但另一个专家又断言这种病是多种环境因素混合所致。每一份相关的信息都会引出其他许多信息。几年后，我就收集了满满一个文件夹，里面塞满了相关的各种杂志的文章、研究结果摘要、网站链接，等等。这些观点来自支持团体、医生、心理健康医师、科学家，以及民间团体机构，他们都有足够的理由赞成或者反对对患有注意缺陷与多动障碍的孩子进行药物治疗。

20世纪90年代初，发表的大多数有关ADD-ADHD的信息都涉及诊断和药物治疗。20世纪90年代中期，大量不同来源的信息开始发出警告，对大量儿童被诊断出的情况表示关切（或愤慨），并对哌醋甲酯（利他林和哌甲酯制剂）和安非他明（右旋苯丙胺和苯丙胺）等药品的安全性提出质疑，这些都是用来治疗注意缺陷与多动障碍的药物。联合国曾在1996年对甲苯咪酯的使用和销售数量的激增发出警告。据文献报告显示，研究人员认为，儿童患有癫痫、心脏病、自杀或谋杀倾向、抑郁、胃痛、头痛、发育不良、睡眠问题、无法控制的抽搐、皮疹以及其他一系列疾病，都是因为服用治疗ADD-ADHD的药物所致。

2000年12月，影响出版社发表了吉玛·休斯的一篇文章《今天你吃利他林了吗？》，文章猛烈抨击了当时备受争议的核心问题。[①]休斯在文章中解释了利他林的工作原理，引用了令人信服的麦罗关于注意缺陷与多动障碍的调查报告《可疑的诊断》，公共广播公司（PBS）曾经播放过这份调查报告。该报告称，许多被诊断患有注意缺陷与多动障碍的孩子实际上天赋异禀，我也会经常听到相关的老师和教学顾问提起这个说法。休斯在论文中开门见山，直击问题核心，表达了自己的担忧，即那些治疗疾病的人就是那些正式定义这些疾病的人。

2002年，我偶然看到了一篇研究报告的摘要，纽约州阿普顿布鲁克海

① 吉玛·休斯，《今天你吃利他林了吗？》，http://www.impactpress.com/articles/decjan01/ritalin120101.html，2000年12月。

文国家实验室几个科学家进行了一项实验，名为“哌醋甲酯和可卡因在体内有类似的作用，可以阻塞人脑中的多巴胺转运体”[①]。我感到难以置信。

这是真的吗？我感到迷惑不解。我们花大量的时间、精力以及金钱来阻止人们使用可卡因，却发现给我们的学童开了一些对中枢神经系统和大脑有类似影响的药？作为一名曾经的军队记者，我知道如果想找到事实，就需要去查原始资料，而不仅仅是依赖于别人所说的“真相”。所以，我找到美国缉毒局（DEA）的网页[②]，输入关键词“哌醋甲酯”。我在网站上读到的信息更加重了我的担忧。这是我读到的信息：“兴奋剂哌醋甲酯是附表二所列物质，极有可能被滥用，产生与可卡因或安非他明相同的不良影响。”

接着，我在网站上查到第二类管制药物列表所列物质都是些很容易上瘾或者被滥用的药物，美国生产并消耗掉了世界上85%的哌醋甲酯，是其余国家消耗总量的5倍，1990年至2002年期间哌醋甲酯的生产量比以前增加了600%。这些数据是美国缉毒局药物派发管制办公室副主任特伦斯·伍德沃思2000年5月16日在教育和劳工委员会（包括：幼儿、青年和家庭小组委员会）面前陈述的部分国会证词。进一步浏览特伦斯·伍德沃思的证词时，我突然发现了以下的陈述：“经过30多年的研究，大量的科学文献明确地表明，甲苯咪酯和苯丙胺都有很高的滥用可能……它们将在动物和人类实验对象的许多范例中取代彼此和可卡因；在临床研究中，它们将产生与可卡因相似的行为、心理、主观强化作用；其任何一次慢性高剂量给药都会对动物产生精神刺激的毒性效果，包括体重减轻、刻板运动，甚至

① 在网站www.biopsychiatry.com/methcoke.htm上，可以看到该调查报告的内容摘要。沃尔科夫·柏纳德等，《生命科学》，1999:65（1）；PL7-12。

② 美国缉毒局：http://www.dea.gov。

死亡。”

这些证据与这场ADHD的争论中反方的观点大量吻合，支持那些危言耸听者的主张。在解释了美国医生广泛使用的两种管制药物来治疗年幼儿童（甲苯咪酯俗称利他林或者哌甲酯制剂，安非他明俗称阿得拉和中枢神经刺激剂，它们都是一些精神兴奋性药物）后，伍德沃思说：“1995年，针对患有注意缺陷障碍的儿童和成人（CHADD），以及美国神经病学会提出的降低甲苯咪酯的管制请求，美国缉毒局对甲苯咪酯的使用情况、滥用倾向和实际滥用情况，以及该药的派发和非法交易情况进行了广泛的审查。CHADD群体在请愿书中将甲苯咪酯描述为一种轻微的兴奋剂，几乎没有滥用的可能，这与我们审查的结果不一致，请愿者随后撤回了他们的请愿书。”

特伦斯·伍德沃思说，美国食品药品监督管理局收集的有关利他林和其他类似药物的数据摘要显示如下：

> 有关这类药物对人体的影响是否会持续很长时间的研究数量是有限的。
>
> 不排除世界上还有别的国家，像美国一样，也使用这类药物来解决孩子们的行为举止问题。
>
> 一些“存在争议的做法”导致了为患有ADHD的孩子大量滥用兴奋剂，包括诊断错误、药物监管不严，以及缺乏有关青少年、父母和学校的足够信息。

在特伦斯·伍德沃思的证词中，他还陈述了哌醋甲酯和安非他明两种药的生产、分销以及医生开此类处方药的统计数据。1991年至1999年期间，哌醋甲酯在美国的销售剧增了500%；同时，安非他明的销售增加了200%还多。患有ADHD的孩子的配药量占到了两类药物的80%，其中一半是儿科医生开出的处方药。20世纪90年代初期，哌醋甲酯处方药急剧飙升，在2000年5月伍德沃思在大会上陈述证词之前的四年里，每年哌醋甲酯处方药的销售额增长基本趋于平稳，大约1100千万。安非他明的处方药的销售额（主要是阿得拉）从1996年开始激增至大约600万。

在伍德沃思令人担忧的证词中，最令人震惊的是以下两点："1998年，IMS公司（一家美国处方药审计公司）预测说所有治疗ADHD的药物中有40%是医生开给3~9岁儿童的，4000多种哌醋甲酯处方药是开给两岁及以下儿童所用的。需要注意的是，由于还未充分证明此类药物的安全性和有效性，所以应该禁止六岁以下儿童服用哌醋甲酯处方药。"

相关的研究长达十几年，我开始有些愤世嫉俗，对那些正在接受药物治疗的孩子的未来感到无比的担忧。许多从中获利的人似乎愿意把整整一代无辜的孩子当作小白鼠来做实验。当我读到政府打算在2004年2月批准儿童可以服用生长激素的法案时，我的第一反应是：**如果这项法案得以通过，不知是孩子获利大还是专门生产阻碍孩子生长发育的药物的制药厂获利大?**

这几天，我看到一则电视广告，该广告把托莫西汀（别名阿托西汀）归为首批用于ADHD患者的非中枢兴奋剂药物。我感到兴奋无比，我想那些医药生产商终于肯听一听数以百万计的父母和孩子们的心声了，父母们对哌醋甲酯和安非他明药物的副作用至今仍心有余悸。但当我在网上查询相关信息时，访问的第一个网站列出了服用阿托西汀药物可能会产生以下副作用：胃不适、呕吐、体重减轻、便秘、情绪波动、易怒、头晕以及睡眠问题。第二个由劳伦斯·迪勒博士主持的网站上，有一篇名为《无处不在的择思达》的文章。劳伦斯·迪勒博士在文章中批判了制药厂为了一己私利推出所谓的新药品，两年来，制造商一直向相关医生推销和推广这种新药，以期通过宣传来创造高额收入。尽管制药商大肆宣传，迪勒博士根本不相信择思达这种新药会有效治愈患有ADHD的孩子。

药物治疗背后的动机

我首要的问题已经有答复了：是的，美国人正给自己的孩子服用一种和可卡因一样致命的药物。而现在我想知道：为什么要这样做呢？作者、哲学家、教师、父母以及有心的公民给出了以下可能的理由。

金钱。我计算过美国人在这方面的金钱投入。以每个月每种处方药的平均消耗量为30美元计算的话，美国人（或者他们的保险公司）每年用于治疗ADD-ADHD儿童患者的费用超过了4亿美元。作为一个老师，我不禁想知道，如果这数亿的钱不是用于治疗，而是用在课堂教学材料和教具上，那么这些孩子中会有多少人将茁壮成长？

更多金钱。许多学区，每年都会受到社会各界对患有任何一种学习障碍或者注意缺陷障碍的孩子提供的经济资助。因此，许多专家会对这些被诊断患有ADD-ADHD的孩子进行测试、诊断和治疗，并从中大捞一笔。

内疚。如果那些孩子被诊断为患有注意缺陷障碍和注意缺陷与多动障碍，那么父母和老师就不必为对付不了这些孩子而伤透脑筋了。父母也不必因为没有给孩子提供营养均衡的饮食，或者确保孩子拥有足够的睡眠而心怀愧疚。老师更不必怀疑是不是自己讲课太过无聊或者缺乏领导能力和管理班级的技巧。

广告。患有注意缺陷障碍的儿童与成人群体，作为注意缺陷障碍患者最大的支持团体，曾经制作了一段药物治疗前的录像带，以供老师们广泛传播和观看——在此之前，大家对此群体已经从生产利他林的制药巨头西巴-盖吉公司（Ciba-Geigy，现在的诺华公司）获利80多万美元资金的事情心照不宣。当这一内幕交易曝光后，许多公司撤回了对该视频的支持，但没有人发出新的视频建议以替代药物治疗。制药商的“雪球”已经越滚越大，越来越快。

置之不理。许多父母由于受各种各样的专家误导，对他们给孩子推荐的药物信以为真。并且许多父母宁愿相信医生和学校教职人员，也不愿相信自己的直觉。有时候接受专家对孩子的诊断结果或者标签鉴定，父母需要承担巨大的压力。他们在让自己的孩子接受治疗或者特殊教育之前，需要对自己的孩子抱有极高的期望，并仔细核实老师推荐的任何一个特别项目或者医学专家。父母对相关的问题提出质疑并期待得到清晰明确、实实在在的答复无可厚非。享有盛誉、有职业操守的专家应该对家长的问题和担忧持欢迎的态度，因为这表明学生家长参与了孩子的学校教育，并时刻关注他们的身心健康。

权利。许多人觉得为了社会的安定，必须及时扼杀孩子们过于充沛的精力、奇思妙想以及丰富的想象力，他们相信特立独行的人必须被驯服（幸运的是，爱因斯坦的老师当时没有推荐他服用某种药物以让他像个“正常”孩子一样，安静地坐在那里）。有的学区讨厌父母的干涉，他们发现要求父母给那些有学习障碍的孩子服药，学校会受益颇多。有的学校甚至把父母告上法庭，以胁迫他们给自己的孩子服药，或者逼父母自己承担失去好孩子的风险。

今天，一些新出现的更加棘手的问题让我彻夜难眠：

注意缺陷障碍是不是由于大脑紊乱所致？或者是由诸如营养不良、睡眠不足、食物过敏、对食用色素或者化学干燥剂敏感、教学方法老套以及拥挤不堪的教室等环境因素所致？

我们该如何去做，才能真正帮到那些似乎坐不住、听讲不认真或者无法控制自己行为的孩子，而不是伤害他们？

给这么多孩子用药真的是我们所能做到的最好的事情吗？

药物治疗的替代方案

20世纪90年代，当我开始进行自己的研究时，我承认自己想找到一些有用的信息以支持自己反对给孩子用药的偏见。作为一种自然的整体保健做法，我不相信你可以给任何一个孩子用药，特别是违背他自己的意愿时。经过了十几年的查阅、倾听、观察以及思考，我加入了永久质疑者的行列，我们认为只有少数孩子可以从用药中获益。那些孩子应该受到密切关注，以确保他们所服用的药物可以对自己有所帮助，而不是伤害自己。我支持众多医生、心理健康治疗师、科学家、老师以及父母的观点，他们认为，给孩子用药并非首选，除非逼不得已才会那样做。如果不这样，就等同于无视环境因素对困扰我们儿童的许多问题负有责任的所有证据。研究人员已经证明了食物色素、化学干燥剂、有毒金属、杀虫剂残留物、体内缺乏维生素和矿物质等，都会对孩子大脑和行为举止产生严重的负面影响。营养学家已经证明，改变孩子的饮食习惯会直接导致孩子思想和行为表现的显著差异，采用生物反馈和神经反馈的治疗师也已经得出惊人并令人振奋的结果。美国有的州已经制定或者通过了相关立法，严禁学校以任何形式胁迫家长给孩子用药。还有的州，例如科罗拉多州，已经通过相关决议，不允许老师推荐家长让孩子参加ADHD测试。得克萨斯州安全教育民间团体也表达了自己的立场。

我相信，现在已经有足够多的人意识到了给这么多孩子用药的危险性，并致力于发现用药的替代方案，我们将会看到更多能够帮助孩子专注学习的安全有效的方法。例如，孩子的父母需要教育和帮助自己的孩子养成更健康的饮食和睡眠习惯；学区必须缩减班级人数，以便老师有更多的时间和精力关注每一个在学习上苦于挣扎的学生；那些教育培训学校必须让老师学会对不同的学生采取灵活变通的态度以及教学风格，他们也必须拥有随时可以寻求帮助的教学助手和教学资源，以帮助那些不守规矩的孩子；学校必须立刻停止和那些以学生的健康为代价而获取暴利的汽水和糖果公司合作；美国食品药品监督管理局在批准并允许医生可以为那些孩子开任何处方药之前，研究人员必须进行长期、客观的实验；对可能导致儿童无故用药的药品生产企业在任何情况下进行的检测和诊断都必须予以禁止和严惩；我们必须尊重每一个孩子，他们都有自己的尊严。最重要的一点是，我们必须牢记：孩子是通过不断探索这个世界来学习知识的，而不是通过禁锢自己丰富的想象力，让自己安静地坐在那里，双手整齐交叠在一起来学会的。

第12章
Chapter 12

未来的理想学校

有时，我幻想着冬季去热带海滩度假；有时，我幻想着吃一些美味可口的巧克力慕斯蛋糕。

但我最喜爱也是幻想最多的是创建一个完美的学校。只要比尔·盖茨、唐纳德·特朗普或阿诺德·施瓦辛格敢把钱寄给我，我就可以创建一所学校，让每个孩子都爱上学习。一所“不让任何一个孩子掉队”的学校即将成为现实，这不是一句吸人眼球的竞选口号，也不是一个不可能实现的梦想。

我设计完美学校的梦想始于我教的那些讨厌学校的孩子。学校教育制度给那些孩子贴上了危险的标签。和他们一起工作了几年后，他们给我留下的印象是“不再抱有任何幻想的青少年”。在我看来，用这个形容词描述他们更为合适。更正形容词是我创建理想学校的首要任务之一。公立学校随处可见的下面这些形容词，诸如危险的、冷漠无情的、多动的、反应迟钝的、缺乏动力的、懒惰涣散的、教不好的以及沉默寡言的，等等，将不再允许用来描述学生。相反地，我们将使用以下更准确一些的形容词：恐惧、愤怒、困惑、虐待、营养不良、睡眠不足、贫困、不健康、文盲、无望、缺乏教育、被忽视和遗忘。偶尔，可能会有个别学生变成一个真正的小坏蛋，但大部分学生都不会。我们不应该动不动就对学生施以威胁、惩罚、开除、用药或提出诉讼，而是一开始就应该使用一些合适的形容词，因为这样做将会解决困扰我们学校多年的许多问题。

除了消除那些不合适的形容词，我梦想中的学校设计，从摒弃许多教育弊端的根源——三个基本假设开始。下面的教育理念应该即刻废除：

1. 学生应该平均分配给老师。

2. 惩罚会导致行为的长期变化。

3. 学生必须按年龄分组，不论他们的能力、心理成熟早晚以及接受新知识的快慢有何差异。

如果没有那些迟钝而沉闷的想法（这一切都与管理的方便有关，而无关于儿童的需要），我们就可以自由地提出新的、行之有效的想法，比如以前我对那些对将来不再抱有幻想的、觉得自己不可救药的、愤怒无比的学生（他们中有许多人上了大学，毕业后找了份出色的工作，如视频游戏设计和电视节目的制作等）提供的建议。我的学生最喜欢的一项写日记的作业就是，摧毁现行的公立学校制度，并清晰地描述出取而代之的学校制度。经过大量的写作、阅读、辩论和讨论，他们为一所新学校精心策划出一个非常好的设计——简直酷呆了的学校（Totally Cool School, TCS）。我的理想学校建立在那些才华横溢、学业有成、曾经是教不好的学生所描绘的蓝图之上，同时也结合了自己的研究、阅读、经验，以及与世界各地教师进行交流与探讨的因素。

现在请和我一起参观这所新的、改进后的TCS学校。你会立刻注意到我们的建筑比现在大多数公立学校的建筑更有吸引力。这所学校不像监狱那样，墙壁没有窗户，墙面颜色也不受人待见，而是一座漂亮的红砖建筑，前面是一个不用怎么维护但很有吸引力的小公园。阴凉的树下设有长椅，当人们需要等待某人时，可以舒服地坐在那儿。开满鲜花的树篱环绕着房子的人行道、喷泉、垃圾桶和自行车停放架。树上悬挂着松鼠喂食器，大地上点缀许多漂亮的野花。这个公园由学生负责，他们在训练有素的植物学家或景观建筑师的指导下，为自己的园艺和景观研究赚取学分。因为学生们负责维护公园，所以他们能监督自己及其他同学，以确保乱扔垃圾和肆意破坏的行为不会损害他们心爱的校园。

TCS学校里有一系列呈椭圆形排列的建筑，围绕着一个大的中央庭院和整个公园。整个校园都用木头、石头、灰泥或混凝土围了起来，这些东西的高度足以防止入侵者闯入，并防止人们越过、穿过围栏进入校园。社区里的成人志愿者不间断地对校园周边地区进行巡视，如有任何可疑情况，立刻向学校学生安全办公室报告，学生安全办公室还负责维护安全摄像头，如安装在24小时便利店里的摄像头。学校各处都设有紧急防火出口，但只能从内部打开，闭路电视摄像头和学生安全人员24小时全程监控。

学生、学校教职工和参观者都需要走学校正门，正门位于校长办公室和学生安全总部的前面。每个学生、老师、管理人员以及学校教职工都有一张自由出入校园的身份卡，上面贴有全息图（一种三维图像）和个人手写签名。没有这张卡，谁也进不了学校，学生安全人员核实过身份，才可以进学校。每个人，包括学生安全人员，在进入学校前都要通过金属探测器，一名武装警卫时刻监视着学校入口——这不仅仅是为了威慑恋童癖者、色情猥琐者，还有各种各样的疯子，还是为了让学生不再去担心校园枪击事件。

* * *

中断一下我们在TCS学校的旅行，让我们一起来讨论一个重要的现实话题。我不是一个偏执暴躁的老太太，摇头惋惜着文明的衰落。哦，可能我偶尔的确摇头叹息过。我确实对自己的学校生活产生了怀旧之情，在一场足球比赛中，那些坏小子喝了点儿啤酒，或者在看台后面偷偷抽了根烟，或者一个学生把另一个学生的眼睛打得瘀青乌紫，像熊猫眼一样。基于现实，我们必须强调学校安全。我们生活在一个危险重重的世界，孩子们都知道这个事实，就连成年人也拒绝孩子在学校可以无忧无虑地幻想。六年来，我一直在教那些生活在帮派横行、暴力肆虐的社区里的孩子。他们关心的首要问题就是学校安全。

他们中有许多人根本不能安静地坐那儿专心听讲，因为他们觉得自己需要时刻警惕来自教室之外的攻击。当我们起草应急预案，锁上门，用建筑用纸盖住窗户，在教室门口贴上“警卫”两字时，那些学生才能真正安静地坐下来并认真学习。

这些感到恐惧的学生并不是过于偏执或者疑心过重。这是他们对周边压抑环境的正常反应。受1999年美国科罗拉多州克隆比纳高中枪击案的启示，美国的许多研究人员得出结论：危险和压力等不安全的因素会抑制学生某些思维和记忆，以至于他们在学校里很难通过考试。加利福尼亚州大学伯克利分校的托马斯·博伊斯教授研究了压力对孩子们的影响。他坚持认为，时刻担心自己安全的孩子不能像感到安全和关爱的孩子那样学习。

博伊斯教授的研究刚好和大卫·苏萨博士的研究结果一致，他敦促教师应该摒弃那种过时的观念，即只关注孩子的智力而忽视他们的情感问题。大卫·苏萨博士写了几本有关大脑学习方式的书，强调了情感对学习能力和学习欲望的重要作用。他认为，学生对学校环境的感觉与他们在这种环境中学习的好坏存在很大关系。因此，TCS学校将是一个教育天堂，孩子们在这里会轻松愉快地集中精力学习。

有人对我说过，“你保证不了学校的安全问题”。恕我不同意这个观点。银行、珠宝店、律师事务所、大量的其他行业和楼宇都可以通过各种方式来加强其安全性。所以，我坚持认为，如果我们像对待财富和珍宝一样对我们的孩子倾注更多的爱心，我们就可以采取同样有效的措施来保护他们和他们的校园。我们可以安装闭路电视、无声警报，并维持24小时即时响应安全服务。我们还创立了一个积极的社区观察项目，住在学校附近的人们可以通过这个项目监视校园。

哦，是的，我明白。一些家长会抗议学校封闭，因为他们想随时可以联系到自己的孩子。但他们上班时，又无法保证孩子随时可以找到他们，反而使那些根本不应该接触到孩子的坏人有机可乘。TCS学校将是一个封闭式的学校，因为这是确保学校安全的最佳选择，而孩子们的安全是我的第一要务。他们的安全优先于家长快速方便地进入学校的愿望。像所有访客一样，父母必须通过学生安全检查站，出示本人身份卡，才能进校门。但只要父母愿意，随时都可以来听课，除非是在考试期间，因为这会影响到学生考试。

“学校的伙食怎么样？”有的父母会问，“如果我的孩子必须待在学校里，那我怎么保证他/她能吃顿像样的午餐？或者早餐？又或者课后零食？我的孩子讨厌吃自助餐，我也是。”

我也讨厌传统的自助餐——通心粉、奶酪、木薯粉以及酸橙果冻。在TCS学校你买不到这些快餐，因为我们知道，如果希望孩子的大脑有效运转的话，年轻的身体需要增加适当的“燃料”。学校不会把学生的健康卖给出价最高的人，即使那些出价者提供了数十亿美元的贿赂。TCS学校里没有汽水专卖店，没有糖果贩卖机，更没有汉堡供应商。我们的食物不含化学防腐剂和添加剂、人工色素和染色剂、人造甜味剂以及反式脂肪酸，因为那些东西已经多次被证明会直接导致孩子的过敏和健康问题。我们的食物是不含转基因成分的有机食品，用未漂白面粉和橄榄油制作的自由放养鸡块与用漂白面粉和饱和脂肪酸浸泡的沙门氏菌鸡一样美味。我们的菜单包括健康的选择，如蔬菜、火鸡汉堡、酸奶、格兰诺拉麦片、新鲜沙拉和果汁、饼干和曲奇、新鲜沙拉和水果、干果和坚果、巧克力豆浆、水果沙冰和蘸酱的生蔬菜，等等。我们也提供有机全麦版的比萨、玉米片、薯条以及蘸酱，它们都不含那些大多数人叫不上名字的氢化植物油、人工甜味剂、漂白面粉以及防腐剂等。

我们的营养学家为那些不知道食物会如何影响孩子的情绪、行为、健康和大脑功能的父母提供了书面信息。我们的营养学家还为父母和社区成员开设了夜校课程，他们希望了解一些特定的饮食习惯，这些饮食习惯让许多儿童成功地解决了注意缺陷与多动障碍问题。并非所有的维生素都有相同功效，参加TCS学校营养课程的学生会获取更多的指导和信息，从而帮助自己选择高质量的维生素和矿物质补充剂。我们不希望孩子父母成为那些不道德的制造厂商的牺牲品，他们可能试图利用家长想帮助孩子在学校里表现优异的强烈愿望来赚钱。

* * *

清晨，上课前30分钟，自助餐厅里已经人满为患，到处是吸着热巧克力和橘子汁，在墙边的一张小桌子上下国际象棋、跳棋或玩拼字游戏的学生。轻柔的背景音乐（经典音乐或者爵士乐）为远处角落里的学生带来灵感，通常他们去上课前会在瑜伽垫上做些伸展动作以及一些简单的运动。

自助餐厅窗外，我们可以看到中心公园里，其他学生有的在打篮球，有的在跳绳，有的在树林和灌木间蜿蜒的碎石小道上漫步，还有的坐在木长椅上欣赏着鸟儿和松鼠。哎哟！两个女孩为一个篮球动作吵起来了。“你那样做是作弊。”一个女孩坚持说道。“不，不是，”另一个女孩说，“你就是不知道怎么打篮球。”她们打起来了。突然，刺耳的哨子声响起来了，公园里所有的孩子都把目光投向了两个女孩。那个吹哨子的男孩（学校里每个孩子都有一个哨子）再次提醒他的同学，学校里严禁打架和骂人。如果两个女孩还不停止，就必须同意以后再也不一起打篮球了。如果她们不听劝告，还继续打架，那么，学生委员会将禁止她们再来这里玩。两个女孩决定不打篮球了，又去玩别的了。或许，她们冷静一段时间后明天又会去打篮球。

附近的值班室里，TCS学校的一名校园管理员（许多当地企业的成年志愿者中的一个，他们通常会拿出一个小时的上班时间来学校帮忙）一直在观察着四周的孩子们，以确保大家之间的争论不会升级为打架。她已经提醒安全部门可能需要援助。他们会给两个女孩几分钟的时间来解决问题，因为TCS学校的学生必须学会对自己的行为负责。如果任何一个女孩打了另外一个女孩，几秒钟内校园管理员就会出现。除了哨子和无线电话，她还需随时携带警棍——这个东西她还从没用过，因为TCS学校的学生每年一开学，就会学一门如何解决冲突的课程。他们会学会如何解决问题，如何理性争论，如何有效倾听，以及当他们感到太生气而无法控制自己时，如何冷静下来（许多学生会把如何解决冲突的课程材料带回家，放在厨房柜台上，以期自己的父母也会看看这些东西）。

我们的校园管理员会通知学生安全委员会两个女孩不会再发生冲突了。但她会把两个女孩的名字提供给委员会，这样委员会成员在白天可以联系两个女孩，以确保她们不会对彼此怀恨在心，并想方设法报复彼此。校园管理员几乎知道TCS学校里所有学生的名字。学校规模不是很大，甚至比正常学校还要小——大约有750个学生，年龄在6岁至18岁不等。我们认为，将几所学校合并，以至于有的学生需要走几英里才能到校是没用的、不合乎道德也不符合人性的做法。大学校通常有资格获得更多的资助，但大学校对孩子来说不总是好事，因为孩子们年轻时总想表现得自己与众不同。许多孩子表现出格，是因为他们想引起别人的注意。他们需要大人关注自己，在TCS学校可以做到这一点。我们是一个社区小学校，在这里孩子们可以散步、骑自行车或者大清早骑着滑板来学校。如果将来学生越来越多，我们的后院就不放拖车了，而是再建一所学校。如果未来人口变化导致入学率下降，我们将利用现有的学校作为社区中心，为大家提供丰富的课程，普通教育开发班、成人基础教育班、扫盲服务班、培训班、课后辅导班、学前班以及各种考试培训班。我们还可以培训社区的居民学会撰写基金申请，这样他们就可以获得资金资助我们学校所在地的其他项目了。

现在，我们已经走到了TCS学校行政大楼的正门。我们经过学生安全保卫处，向校长挥手致意，她/他正在大厅等候迎接早上到校的学生。学生经常会围着她/他问问题、表达自己对某件事情的看法，或者提出自己的建议，而校长也会认真听取他们的建议。校长每天也会上一个小时课，每天都会教不同年级的学生，以便自己能够准确掌握学生面对的挑战与困难。

除了校长办公室，行政大楼还设有一间指导办公室；一间配有两个执业医师（其中一个是传统医生，另一个是整体医生）的医务室；一间大学入学指导办公室，学生可以在这里报名参加SAT准备课程并申请经济资助；一间就业指导办公室，负责安排和监督在当地公司工作的学生；一个为学生和教职工的婴儿提供的日托中心，由打算成为教师和商业领袖的学生经营管理（工资是按比例递减的）。另外，行政大楼还设有同行委员会会议室和改过自新中心——两个大家可能不太熟悉的领域，因为这两个是我自己编的。

同行委员会会议室有两张大的会议桌，四周是行政软垫皮椅，还包含一个有法官席、陪审团座位和证人席的法庭。委员会由随机挑选的学生组成，成员由学生轮流担任。同行委员会成员担任学校法庭原告和被告的陪审团成员、法官或律师。在任何特定的时间里，委员会都包括三个法官、十个陪审团成员以及两个律师。实施暴力行为、轻罪或重罪的学生，一年内将被禁止在同行委员会任职，在此之后，现任委员会可以恢复他们的职务。同行委员会将复核TCS学校所有的违纪行为（这是同行委员会和学校教职工共同努力的结果），其判决结果是合法的、最终的，也具有一定的约束力。委员会成员如果有违纪行为，也需承担一系列的后果，包括书面道歉、社区服务、被永久开除。对于属于地方或联邦当局管辖的犯罪案件，委员会仍有权对案件进行复核，除了青少年司法系统可能指定的量刑和后果之外，还应推荐其他量刑和后果。

改过自新中心代替了传统的禁闭中心和纪律监察办公室。改过自新办公室给违纪的学生提供了反思自己不良行为的机会，并且希望学生能调整心态，接受帮助以解决任何阻碍他们成为优秀学生的障碍。当老师因为一个学生行为不当想将他赶出教室时，无论是做白日梦、扰乱课堂秩序、破坏学校公共财产、经常迟到、上课睡觉、拒绝配合老师，等等，只要写一份简单的事情介绍，就可以直接把学生送往改过自新中心。

改过自新中心的职员，包括同行委员会陪审团的两个现任成员，还有两个拥有执照的心理学家以及两个持有营业执照的治疗师，治疗师都是家庭和儿童咨询专家。当一个学生来到改过自新中心，第一站就是同行委员会办公桌，学生必须在这里书面陈述他/她的问题和处境。同行委员会成员会商定一个时间对具体情况进行复核，并做出合适的判决。如果学生的过错非常严重，需要走法律程序，那么学生将直接进入校长办公室，继续审核。如果学生的过错不需要走法律程序，那么委员会成员会和学生讨论，送他们回教室还是转交给其中一个成年顾问。转交给成年顾问的学生将接受进一步的面谈，然后，或者把他直接送回教室，或者参加下面某个项目，如愤怒管理、冲突解决、个人咨询、武术、舞蹈或健身班、体重训练、瑜伽、大学储备军官训练团，以及强化或补习阅读班（是的，这些项目会收取学生一定的费用，但比起那些少年拘留所和监狱来说，还是便宜多了，也更有益于社会）。

不止一次被送到改过自新中心的学生，将自动报名参加那些最有可能符合他们个人需要的课程。如果委员会成员认定，学生的问题是因为营养不良、食物敏感或者睡眠不足所致，那么，他们会直接联系学生父母或者监护人，并要求他们配合学校解决这个问题。无力负担心理咨询费用或合理营养的家庭将得到当地企业提供的经济资助。

TCS学校不设考勤办公室。学生安全处的电脑全息图身份卡会自动维护学生的考勤记录，所有学生进出学校时都使用该卡。我们不会浪费宝贵的时间、金钱或者资源去抓那些不愿上学的孩子，或者制订详细的计划来惩罚他们。相反地，我们会努力让学校成为学生想来的地方，以鼓励学生有良好的出勤率。政府资助并不取决于孩子是否有良好的出勤。正如大学的教育制度一样，TCS学校要求学生花费最少的课堂时间获得毕业所必修的学分。老师会给学生提供教学大纲和课程大纲，明确说明通过课程的要求以及学生在出勤、作业、项目以及考试等方面可以获得的分数。旷课超过最大课时数或成绩不全的学生，必须重修该课程（因为学生不是成年人，所以如果学生旷课很多以至于开始影响他们的分数，TCS学校会通知他们的父母或者监护人）。

由于美国各州都有自己的法律要求，TCS学校将向相关的执法机构提供学生出勤报告。如果这些机构判定学生的情况属于逃学，可以自费采取任何他们认为适当的法律行动。学校不从事围捕学生或将家长告上法庭的业务。我们的工作是教育到校的学生。实际上，在TCS学校，出勤率根本不是一个问题，因为学生都喜欢来学校。

* * *

我们有一整个学校要参观呢。当我们离开行政大楼进入其中一个教学楼时，我们发现自己正在一个宽阔的、舒适的走廊里，墙上装饰着丰富多彩又有趣的学生壁画。这里没有有损学生健康的工业用的灰色或绿色油漆。我们用的是实木地板，或者是有漂亮图案的油毡（不是黑白方块或丑陋的灰色斑点）。我们的墙壁是舒缓美丽的蓝色，希望学生感到心情平静和愉快，也希望学生在明亮的教室里上课时保持清醒和警觉。虽然我们每隔几年就会重新粉刷墙壁，但绝对不会残留有毒气体的气味。我们用的是绿色环保、以黏土为主的涂料，不产生烟雾，并有助于调节室温。

楼下是一群穿着鲜红色背心，手持收发两用无线对讲机的学生。他们都是我们的酷孩子，平均分数很高的学生，他们在学校大厅里巡逻并获取社区服务学分。这些酷孩子巡逻队从不发布命令或者挑战学生。他们只负责观察校园里学生的一举一动，如发现任何问题，会通过对讲机报告给学生安全保卫处。因为TCS学校规模很小，所以这些酷孩子都是学校里年龄稍大一点的学生，他们在小伙伴中都有一定的威望。大家一致认为，能被选中加入学校酷孩子巡逻队的学生享有极高的荣誉。提交申请的学生必须有至少四位老师的推荐。如果提交申请的志愿者比巡逻队所需人数还多（通常是这种情况），那么会采取抓阄的方法决定巡逻队的成员，他们的任期是一个季度或者一个学期，以便符合条件的所有孩子都有机会担任巡逻队的成员。

酷孩子巡逻队的成员不是警察，他们的工作就是监督。除了提醒大家注意潜在的问题，还可以帮助那些忘记了大厅储物柜锁的密码的学生，急需零钱在餐厅休息室里打公用电话的学生，在上课的路上丢了一项重要作业的学生。酷孩子巡逻队可以给其他监督者发布信息寻求帮助以找到失物。因为巡逻队白天都要当值，坚信“尊重自己和他人”永远是最重要的，所以在TCS学校的走廊上和教室里，欺凌行为并不是一个棘手的问题。

* * *

让我们快速地看一眼教室吧。哦，我的天啊，教室给人一种轻松愉快的感觉，因为我们的课本不会因为任何荧光灯而变成绿色或者闪烁眩目，那样我们会感觉眼睛很痛，从而不愿读书。明媚的阳光透过宽敞的窗户洒入教室，窗户有坚固的纱窗，我们可以打开窗户，沐浴在春天的新鲜空气里，聆听鸟儿清脆悦耳、曼妙的歌声，欣赏花儿含苞欲放，一切都是那么美好。不管什么季节，天气怎么样，老师都会允许学生先放松一下自己，感受一下外面美好的世界，然后再坐下来学习，因为他们知道学生可以从观察世界的点滴中学到更多东西，就像他们听我们的讲座一样。

在学生们坐在他们的软垫椅子（标准的塑料椅子或普通的木制椅子）上之前，老师会鼓励他们做一做身体伸展运动，伸伸胳膊伸伸腿，跳一跳，发出点小噪声，做几次深呼吸。嗯，棒极了。

学校的空气闻起来不像工业清洁用品或者发霉的旧书的味道。相反地，学校里弥漫着一股清新、淡淡的柑橘味，因为我们使用无毒的橘子油清洁剂，我们有很好的空气净化器，可以清洁空气，防止呼吸道疾病的传播。每间教室上空的吊扇使教室里流通着清洁的空气，降低了我们供暖和制冷的成本。

为了让TCS学校的孩子们更健康，学校每一个卫生间都配有热水和冷水、无菌香皂，以及有助于防止感冒和流感进一步传播的空气干燥器。还有像医院里用的那种含有酒精杀菌的洗手液，这对来去匆匆的人很有用。每一个卫生间后面的角落里都有一张沙发和椅子，专门为那些需要休息几分钟的人而设，也许是在面对任何可能压倒他们的困难之前，可以先躺会儿做几次呼吸。卫生间入口处装有一个闭路电视摄像头，如果进去之前你没注意，那出来后肯定就能看到了。学生安全委员会将保留每天每个卫生间进进出出的每个人的记录，不是因为我们不信任自己的学生，而是因为我们想保护他们不受别人的伤害。

或许你已经注意到了，有的班级有20个学生，有的班级只有10个或者15个学生。那是因为TCS学校的课程进度是基于实际因素和自定进度的考试而设。如果一个学生已经掌握了算术，并修完了必需的课程，她就可以通知老师自己准备好参加考试了。如果考试及格，她就可以再升一级。完成某一学科（数学、科学、英语等）所有级别考试的学生可以报名参加函授课程，志愿担任学习中心的同伴导师，还可以选择一些选修课程，或从事社区服务项目。

在TCS学校，基本的学术学科优先，包括阅读、写作、数学、科学、历史、美术、健身。但每一个学生都要至少学一门外语，这样可以培养学生的同理心。学生将亲身体会到学一门外语有多难，当他们遇到学英语的人时就会更加富有同理心。另外，学生也会为升入大学做好充分的准备，利用海外学习的机会，在国际商业界中竞争自己梦寐以求的工作。TCS学校也为学生提供了范围广泛的选修课，包括心理学、医学、新闻学、社区服务等。当一个学生对一门没有一个老师受过培训的科目表示出一定的兴趣时，我们就会找在线计算机课程或者函授课程来帮助这个学生。

TCS学校的老师不会“严格遵循课程大纲”。他们有自己的教材，并基于美国各地区和州的教学要求对学生进行授课，以便学生可以牢牢掌握必需的技能和技巧。老师也会帮学生准备标准化考试（后面的章节还会涉及更多这种痛苦的考试）。但TCS学校的老师不会随意设计一门课程，然后逼着学生在固定的一个教室里，以同样的速度或同样的方式去学这门课程。相反地，老师会安排一些课程或讲座，让所有学生都能参与其中。一节课可以是十分钟，一个大项目可以持续十天。在其他时间里，学生会学习特定科目需要掌握的任何技能。例如，有的学生可能会做些语法练习，而另一小部分学生可能会阅读并分析一篇短篇小说。老师不会花时间让学生加快或放慢速度。学生不需要在任何特定的年级水平上固定地花费一个学期或一年的时间再升级。他们一旦学会了某门课程的知识，完成了相应的课程作业，展示出运用某种知识的能力，并通过最终的课程考试，就可以自由升入新的年级。有的学生只用两个月就可以完成新生的学习，而有的学生则需要两年的时间。然而，同样的学生，在不同的科目上，例如科学或者数学，可能需要一年零五个月才能完成相应的学业。

学生学的是自己需要学的东西，所以老师不必每周花好几个小时的时间，制订详细的课程计划，说明自己是如何涵盖地区和州课程指南中的所有学习目标的。相反地，老师会为每门特定的科目张贴一份阅读、课程、项目和考试的总清单。例如，高二的英语可能包括以下要求：按照年级需求水平阅读五章一本的书，写一段连贯的段落，总结每本书，口头陈述一本书的评论，创建一个可视化或易于操作的方法来支持口头复述，掌握100个单词的拼写，编写和构建一本有关词类教学的儿童书，通过高二英语毕业考试。老师将提供课程帮助，帮助孩子掌握完成目标以及通过考试所需的技能。

* * *

好吧。我知道你们想知道在TCS学校，我们会如何对待标准化考试。我们在图书馆外面暂停片刻（一个很受欢迎的地方，这里提供了一系列的座椅，学生可以在这里充分放松自己，在全光谱白炽灯下认真阅读，更美好的是，他们可以在一排落地窗的自然光下读书）。我们对学生进行必要的标准化国家考试，因为我们遵守认证学校的法律要求。但我们不会花费宝贵的员工发展时间来培训老师应试教学。我们也不会浪费学生宝贵的时间，教他们如何应付考试。所有的学生都是精于阅读（或者致力于做到这一点）的人，所有的老师也都会强调更高级的思维技巧。我们相信，如果你教一个学生如何通过一场特定的考试，那么这个学生一定能通过这场考试（如果考试是多项选择题，并且是机器阅卷，那么即使是猴子也可以在一定的时间通过考试）。但如果你能教会学生如何更好地思考，那么他/她就可以通过任何一场考试。

另外，我们认为任何标准化的测试工具都不能准确全面地测试学生的知识和学业，尤其是当测试涉及掌握高水平的批判性思维技能和复杂的抽象概念时。在TCS学校，我们对每个学生单独进行测试。在口试部分，学生必须清楚地表达他们的想法和知识，并在特定的学科领域展示他们的技能。如果想测试学生是否达到九年级的阅读水平，我们最终的考试不是给学生提供一份包括50个多项选择题、填空题以及简答题的考试卷子，而是需要学生面对两个老师进行口头陈述，要求学生简单介绍一下一本书的主要内容。然后他/她将回答教师关于文本中的文学技巧和写作手法的问题，如讽刺、文学象征以及人物的发展。口试圆满完成（通常是15~20分钟）后，学生还要在规定的两个小时之内撰写一篇论文并对这部作品进行文学分析。然后，两个老师会对学生的作品进行评分，并根据口试部分和笔试部分的平均分给学生打分。这种系统不仅测试了学生的阅读理解能力，而且还测试了他们的语法、作文和拼写能力，最重要的是，同时涉及了最高层次的思维，如分析、综合和评估能力的测评。笔试不及格的学生会重修，以弥补他们的薄弱环节，最后再次参加考试。当然，如果学生考试部分或全部不及格时，他们会感到担心（或尴尬），但TCS学校不会限制他们的自由，也不会把他们赶出教室，更不会公开他们尴尬的成绩。但他们会立即收到关于自己能力水平的反馈，并准确了解到他们需要学什么才能通过考试。作弊不是一种好的选择，因为老师是根据学生自己的成绩来评分的，跟其他学生没有任何竞争的关系。

这就是TCS学校所有的考试了。美国花费了太多时间来讨论测试到底该测什么，以致测试已经成为一个巨大的行业，并且已经产生了一种官僚式的膨胀，要消除这种膨胀则需要数十年的时间。

* * *

现在，让我们继续参观学校——我们来到了学习中心。与图书馆不同的是，这里的人不用都保持沉默、安安静静地学习，以便其他人能够集中精力做自己的事情。我们可以听到学习中心的学生正在提问题，分享他们各自的想法，并帮助彼此解决作业中出现的难题。

TCS学校的每个学生每天至少要在学习中心待上一个小时，这里有成年人和同伴导师可以随时为他们提供中肯的建议。学习中心包括一些私人书房、大型会议桌和一系列具有互联网连接的计算机工作站（网站已经安装了很好的色情过滤器）。戴尔、IBM以及苹果电脑公司为电脑工作站提供资金，并从免费广告和税收冲销中获益，作为对公民贡献的回报。学生可以单独或分组完成家庭作业或其他作业。那些喜欢戴着耳机，边学习边听音乐的人也可以在这里待着，只要保证坐在附近的人听不到他们的音乐。这种规定同样适用于教室。有的学生一边听音乐一边学习确实得心应手。有一种理论认为，音乐可以消除杂乱无章的背景噪声，帮助他们专注于手头的工作。然而，为了保留耳机特权，学生必须通过所有课程的考试。成绩不及格的学生在学校不允许戴耳机，直到他们的成绩达到了学校要求的标准。

在TCS学校，阅读是所有学术研究的主要焦点。高效的阅读者也是优秀的思想者，高效的阅读者可以学会任何一门课程。所以，TCS学校所有的学生都必须学会阅读。不论是几年级，阅读不好的学生只能上四门课：阅读课、公民教育课、体能训练课、学习技能课。这四门课程将帮助学生学会举止得体，保持身体健康和心情愉悦。他们也会接受尽可能多的辅导，以便更好地完成作业。但对于学习不好的学生，学术焦点始终是阅读，因为如果阅读不好，其他课也会受苦。阅读专家会与有阅读障碍的学生一起合作，逐步找出阻碍学生专心阅读的障碍，并为学生提供多种选择，从一对一的辅导到旨在教授语音的软件程序。

美国孩子中流行肥胖症和糖尿病，所以TCS学校会确保每个学生都有一份个性化的健身计划，就像健身房和健身中心的私人教练所设计的那样。无论他们的健身计划是什么，所有的学生必须进行体育锻炼，早上至少一个小时，下午至少30分钟。老师也可以自己决定，把扰乱课堂秩序的学生送到健身中心或学校公园，让他们步行一英里或自由锻炼一会儿，直到他们平静下来，能够认真学习为止。

健身中心部分由金吉姆健身中心等公司出资，提供重量训练、有氧运动和瑜伽课程（有教练或学生可以播放录像带）、武术教学，等等。舞蹈课上，学生可以选择学习爵士乐、嘻哈、踢踏舞、摇摆舞和乡村舞等。喜欢户外运动的学生可以选择在学校中央公园周边的砾石小路上行走或跑步。

* * *

中央公园和学校入口公园一样由获得园艺和景观建筑学分的学生维护。中央公园风景优美，能够在这里休闲娱乐是一份至高无上的荣誉。破坏学校公共财物或者侮辱其他学生的学生将失去同行委员会指定的任何时间段内去公园的特权。公园周围的小路是一条半英里长的碎石小道，弯弯曲曲地穿过高大的树荫，走四圈相当于走了两英里的路。学生们也可以在草地中心区荡秋千、玩绳球、跳绳、玩跳房子、打羽毛球，或者玩他们自创的游戏。公园的一端有四个网球场，有用于单人练习的篮板，树间还有木长椅和野餐桌。

在公园那边的角落里，你可以看到有些孩子在一个凹面滑板公园里一圈一圈地溜冰。溜冰时，学生必须戴头盔、膝盖和肘部护垫，并遵守安全规则，以继续拥有自己在此地溜冰的特权。一个非营利性组织负责经营和维护滑板公园，监督学生的安全，并确保他们的父母已经签署了允许他们在学校溜冰的许可证和保险豁免书。学生可以在指定的溜冰道上的建筑物之间溜冰，但出于安全考虑，走廊上不允许溜冰。

* * *

在TCS学校，不以年龄大小划分班级，老师也不会局限于一套不确定是否能满足学生需要的课程。在既定时间内，任何班级的人数不得超过20人。校园上午7点开始对学生开放，欢迎学生在上课之前使用健身设备、中心公园、学习中心、咖啡厅、图书馆等。校园一直对学生和教职工开放到下午6点，这个时间几乎所有的地方都关门了。只有社区的教学楼仍然对外开放，以供大家上晚间课程。家长和学生可以来这里学习各种主题的知识，从营养学、青少年心理学到育儿技能应有尽有。

每个月最后一个周的周五和周六晚上，TCS学校都会邀请市民在校园礼堂参加音乐会、戏剧表演、才艺表演、艺术表演以及观看纪录片，所有这些都由TCS学校的学生担任主演或制片人。其他的周末时间，学校会邀请学生及其家人到礼堂观看纪录片、教育节目或其他非商业和非暴力电影。在这些家庭之夜，门票和爆米花都是免费的。

每个季度，学校会在礼堂举行颁奖典礼，以表彰表现良好的学生：获得学术荣誉的、制作杰出的科学或艺术项目的、在学校保持完美出勤率的以及整个学期都考试及格的，或者因行为不当而被送到改过自新中心进行再学习的学生。社区企业将为这些颁奖典礼捐赠礼物和门票对号奖，校长会向所有获奖者颁发荣誉证书。

我们的许多活动，如电影、才艺表演、课后培训班等，与体育赛事并不冲突，因为TCS学校从不赞助运动队与其他学校进行竞争。TCS学校认为体育并不是职业机会，而是学习机会；比赛应该教会大家学会团队合作、自律以及互相协调，并给孩子们一个在友好竞争中玩得开心的机会。男女同校的球队在健身课上进行校内比赛，但学生不必参加团体赛，每个想参加比赛的学生都有机会参加。学校鼓励更喜欢竞争氛围的学生加入到社区团队中，并允许他们通过参加社区活动（如高尔夫、网球、武术、足球、篮球和少年棒球联盟）获得健身学分。希望从事职业运动生涯的TCS学校的学生，会与当地社区的成人导师一起交流，他们有参加某项体育项目活动的经验，可以为我们的年轻运动员提供建议和指导。对于那些在某项运动中表现出类拔萃的学生，可以向学校提出申请赞助，参加一项严格的培训计划，为他们在大学水平上的竞争做好准备，但这些学生确实属于例外。没有哪个学生毕业离开TCS学校，是因为能够更好地运球，而不是因为能够清楚详细地表达他/她自己成熟的批判性思维技能。

运动导师并不是唯一与学校联系的导师。在我们的导师匹配项目中，有一个庞大而活跃的志愿者队伍，我们特别为他们感到骄傲，也感激他们无偿的帮助。我们将每个报名参加项目的学生与我们的导师顾问仔细筛选过的成人志愿者进行配对。志愿者导师来自各行各业，包括退休商人、社区大学生、家庭主妇、焊工、汽车机械师以及银行行长。导师每周至少花一个小时与学生待在一起，通过自己的榜样来展示真正的领导力，鼓励年轻人留在学校，取得好成绩，并为社区做出自己的贡献。

并非所有的学生都会报名要求给自己匹配导师，但每个学生都会报名参加音乐或艺术课程，学校鼓励他们去尝试各种乐器和创意工具。例如，学生不需要画一把椅子或者一个盒子，而是可以自由地创作自己的艺术作品。他们的产品会受到老师的赞赏，但老师不会给作品打分数。艺术教师会教学生色彩、设计、形式以及各种艺术理论，并向学生介绍古典艺术家和传统的绘画方法。他们也鼓励学生们尽情尝试每一种不同的乐器，直到找到一种能演奏他们特定曲调的乐器。在TCS学校，艺术和音乐受到大家的赞赏、分享、欣赏和重视，因为它们作为一种自我表现、创造力，在某些情况下在人们的生活中扮演着重要的角色。

现在，你已经快速参观了TCS学校。是的，这似乎好得令人难以置信。但话说回来，相信这样一所学校的存在并非不可能或不合理。事实上，我自己都想来TCS学校当一个学生了。你难道不想来吗？

后 记

POSTSCRIPT

给教师们的一封公开信

亲爱的老师，

谢谢您。

尽管这份工作工资待遇低，工作条件恶劣，在精神和情感上都让人心力交瘁，公众对您的工作缺乏最基本的尊重和理解，但是您仍然选择继续教学。

因为您为了证明自己的能力，又参加了一次考试，虽然您已经完成了大学学业，并通过了标准化考试。

因为您能继续教学生批判性思维技能和先进的学术知识，尽管一次又一次的考试提高了您对课程的要求，却没有给您任何额外的教学时间。

因为您每天早上5点或6点起床，在破旧的拖车或无窗壁橱里工作，那里经常发生故障，也没有空调和暖气。

因为您在一个家具简陋的休息室里的折叠椅上吃简单的午饭，在那里咖啡机不罢工对您来说就是一种款待，而一个功能正常的微波炉更是一种真正的奢侈。

因为您用自己所谓的休假时间批改论文；制订课程计划；参加专业发展会议、委员会会议、重组会议、家长教学会议、学校董事会会议和继续教育课程。

因为这是做好自己工作的唯一途径，而且您不能做得更少，所以您无数个小时都在忙着加班。因为您不断地经常提醒别人，如果有加班费，您明天就可以退休，再也不用工作了。

因为您对那些不知道自己该怎么做，也不懂您为他们提供了什么有价值的礼物的孩子们，给予了一视同仁的尊重。

因为您关心那些家人对他们漠不关心或不知道如何关心他们的孩子。

因为您用自己的钱为学生购买了钢笔、铅笔、橡皮、粉笔、纸、纸巾、绷带、礼物、衣服、鞋子、眼镜，还有学生需要但没有的其他100件东西。

因为您为一个在学习上苦苦挣扎的学生度过了一个不眠之夜，您想知道自己还能做些什么，以帮助他们克服生活给他/她带来的所有的障碍。

因为您在自己孩子的衣橱里找了一双鞋或一件毛衣给了一个转学的孩子。

因为当您遇到困难学生的家庭时，您把您自己的家庭搁置起来了。

因为您相信教育可以改变一个人的人生。

因为您坚持自己的信念，认为所有的学生都可以学习，只要我们懂得如何去教他们。

因为您一直在忍受背痛，膝盖酸痛，腿脚不灵便的痛苦，这都是在教学工作中留下的后遗症。

因为您给了万念俱灰的孩子足够的希望，让他们能够继续与贫穷、偏见、虐待、酗酒、饥饿以及冷漠作斗争，这些都是许多幼稚的年轻人日常生活的一部分。

因为您冒着失去工作的危险给了孩子一个迫切需要的拥抱。

因为您紧咬牙关，在您的学生的父母列出了一大堆理由证明他/她不守纪律，娇生惯养，或者成为令人讨厌的孩子，都是因为您的不称职所致的时候，也绝不还嘴。

因为您承担了世界上最困难、最具挑战性、最令人沮丧、最让人疲惫不堪、最让人筋疲力尽、最令人满足、最美好、最宝贵的工作。您真的是一位默默无闻的英雄。

致以最真诚的尊敬和感激

卢安·约翰逊